D'ALEXANDRIE AU CAIRE

4ᵉ SÉRIE GRAND IN-8ᵒ

Une rue du Caire.

VICTOR FOURNEL

D'ALEXANDRIE

AU CAIRE

TOURS

ALFRED MAME ET FILS, ÉDITEURS

M DCCC XCVII

D'ALEXANDRIE AU CAIRE

I

J'avais entrevu l'Égypte pour la première fois à la fin de l'année 1869, lors de l'inauguration du canal de Suez, non en voyageur, non pas même en touriste, mais en *reporter* qui part pour le Caire comme il partirait pour Amiens, et qui parcourt un pays en courant, avec son carnet et son crayon, de la même façon qu'un commis d'agent de change parcourt la Bourse. Cette vision rapide et sommaire m'était restée gravée dans l'imagination, avec le désir ardent de la renouveler. Dans ce but, je préparai patiemment, pendant plusieurs années de suite, une évasion que j'ai pu réaliser l'an dernier seulement. Enfin l'occasion si longtemps guettée se présenta; je m'empressai de la saisir. J'avais six semaines devant moi, — six semaines, les plus longues vacances que puisse rêver un journaliste! — et je n'avais garde d'en laisser perdre une minute.

Le 15 octobre, j'étais à Marseille, et je m'embarquais à

cinq heures du soir sur le *Péluse,* l'un des plus rapides marcheurs de la compagnie trans-méditerranéenne. Sa population flottante, qui comprend environ cent cinquante passagers, présente le bariolage le plus singulier. On y trouve des employés de la compagnie du canal de Suez, des commerçants européens fixés à Alexandrie, des artistes en expédition, des consuls qui regagnent leur poste, des dames comme il faut et quelques-unes comme il ne faut pas ; sur l'avant, une dizaine d'Arabes d'Oran et de Constantine, se rendant en pèlerinage à la Mecque avec leurs femmes et leurs enfants. Une Bédouine blanche, cachée jusqu'au front dans son voile, tient sur les bras un enfant gros comme le poing, à qui son burnous donne un air de gravité précoce, tandis qu'une grosse et vieille négresse laisse voir sans coquetterie à tout venant son visage écrasé qui ferait fuir un gorille.

Ces pauvres diables couchaient en plein air, au milieu des rafales de la pluie et de la tempête. Mais dès le second jour ils avisèrent, en un coin de l'avant, une espèce d'omnibus primitif qu'une maison de Marseille expédiait à Alexandrie. La tolérance des officiers du bord leur permit de s'y établir : les femmes restaient tout le jour dans l'intérieur, métamorphosé en harem à l'aide d'un rideau tiré, et les hommes s'étendaient la nuit entre les roues.

Les provisions s'entassent sur le pont comme pour un voyage de long cours. Il y a là des cages à poulets, de petits parcs remplis de veaux et de moutons mélancoliques, qui semblent se douter du sort fatal suspendu sur

Alexandrie.

eux, et regardent avec résignation les passagers qui les digéreront demain.

Quand la mer daigne le permettre, on passe les journées à table. Cinq repas réglés, et des *lunchs* intermédiaires pour combler les vides, tel est le programme. Or nous avons à bord un jeune lazariste de la rue de Sèvres, ordonné prêtre depuis quelques mois seulement, qui va évangéliser l'Abyssinie. Je pensais à lui chaque fois que je prenais ma place à ces repas pantagruéliques, et j'éprouvais des remords. Mais lui n'en éprouve aucun. Il mange aux troisièmes, — s'il mange, car il a la maigreur de ces ascètes de la haute Égypte qui vivaient de feuilles de choux, — et il reste tout le jour sur le pont à dire son bréviaire, à prier et à regarder les flots bleus de cette Méditerranée qu'il traverse pour aller au martyre.

Je résumerai notre traversée en dix lignes : deux à trois jours de *grains* violents, de coups de vents, de tangage et de roulis qui faisaient danser la vaisselle et les passagers comme des œufs secoués dans le même panier et qui troublèrent cruellement les estomacs les plus robustes; trois jours entiers de calme idéal, où la Méditerranée ressemblait à un lac de lait bleu parsemé de crème.

Pendant les premières quarante-huit heures, sauf le docteur et les garçons de service, personne n'eût pu se douter qu'il y avait une seule dame à bord. Le premier soir, sept vaillants avaient pu seuls tenir à la table des premières, et, comme on n'avait pas encore mis les *violons,* un coup de tangage jeta par terre, vers le milieu du repas, la moitié de la vaisselle pêle-mêle avec les dîneurs.

La seconde nuit surtout fut cruelle. Le tangage se combinait avec le roulis pour faire éprouver aux estomacs sensibles les épreuves les plus inquiétantes. Le vent soufflait d'une façon sinistre; des rafales de pluie fouettaient les sabords. Tout en me maintenant tant bien que mal en équilibre sur ma couchette, balancée successivement de droite à gauche et d'avant en arrière, j'entendais d'une oreille peu charmée l'assaut des vagues contre les *hublots*, les sifflements d'une brise très carabinée, certains craquements indéfinissables qui semblaient partir à chaque seconde de la coque du bateau, le bruit des porcelaines mises en danse et des cuvettes précipitées hors de leur orbite, les paquets de mer embarquant sur le pont, les gémissements de quelques voisins et d'un grand nombre de voisines tourmentés par les *cavalier seul* auxquels se livrait le bateau, avec la fantaisie désordonnée d'un habitué de Mabille. Dans la profonde obscurité de la nuit, tout me paraissait lugubre, jusqu'aux coups de sifflet qui commandaient la manœuvre et aux coups de cloche qui, en *piquant* les heures sur le pont, prenaient dans la rafale le vague accent d'un glas funèbre. Avec le jour, la tempête, si l'on veut bien me passer ce terme ambitieux, se calma par degrés. Le ciel se déchargea encore jusqu'au soir par ondées brusques et violentes. D'heure en heure le bateau entrait dans un *grain*, et il fallait évacuer le pont. Puis, après dîner, un arc-en-ciel lunaire se dessina sur l'horizon comme un messager d'heureux augure, et tout fut fini.

Nous étions alors à peu près à la hauteur de Messine. Je ne vous ai pas décrit nos précédentes rencontres. La veille, nous avions passé entre la Corse et la Sardaigne, et nous laissions à bâbord l'écueil Lavazzi, où la frégate *la Sémillante* périt corps et biens avec neuf cent cinquante passagers en 1854. Sur ce roc perdu au milieu des flots, une croix garde les restes arrachés à la mer, et une cloche s'agite comme une vigie pour avertir les passants de se garer au large. Aujourd'hui, vers trois heures, le groupe des Lipari apparaissait à droite et à gauche, avec ses rochers volcaniques qui ressemblent à des déchirures convulsives et qui paraissent jaillir du sein de la Méditerranée. Le Stromboli dessine sur l'horizon ses deux pics escarpés, et avec une longue-vue j'aperçois distinctement le panache de fumée qui s'échappe de son flanc entr'ouvert.

Sur le soir, Charybde et Scylla se sont montrés à l'horizon ; mais c'est à peine si, en souvenir d'Homère, nous avons jeté un coup d'œil dédaigneux et distrait sur ces deux écueils historiques et légendaires, aujourd'hui bien déchus de leur gloire. Enfin les feux de Messine nous apparaissent vers dix heures, arrondissant en demi-cercle autour du bateau leur cordon lumineux. Le *Péluse* a fait escale à l'entrée du golfe pour renouveler sa provision de charbon, prendre des vivres frais et déposer ses lettres ; mais un grain violent, le derniers que nous ayons essuyé, empêche les passagers de descendre à terre au moment opportun, malgré les invitations provocantes d'une douzaine de bateliers dont les barques tourbillonnent au tour du navire. Les pauvres diables n'ont pas fait fortune ce soir-là, et sauf un paquet de cigares abominables, vendu à un passager à grand renfort de serments sur la madone, sauf quelques grossiers bracelets de corail achetés par deux ou trois passagères dans de petits bateaux illuminés comme des reposoirs, tous les *Monsignor* et les *Eccellenza* prodigués par eux dans leur baragouin international sont restés sans le moindre effet.

On aimait beaucoup mieux demeurer tranquillement accoudé sur le pont, dans la contemplation de l'admirable vue offerte par la baie de Messine. La position de la ville, resserrée entre la mer et une chaîne de rochers qui la domine; ses longs quais, mollement étendus sur la plage endormie derrière leur ligne de phares; les vagues silhouettes de ses monuments argentés par les tremblantes lueurs de la lune qui les dessinent comme dans un rêve, les lumières semées en étoiles sur les flancs du roc, et, plus près de nous, les *barquettes* des marchands de fruits et des marchands de corail, glissant dans un sillage lumineux avec de doux bruits d'aviron entrecoupés d'appels plaintifs et désespérés : tout a fait pour nous de ce spectacle une de ces apparitions merveilleuses qui demeurent à jamais fixées dans le souvenir et que l'imagination évoque comme une féerie.

Une heure plus tard les matelots expulsaient, à coups de poings et à coups de triques, la racaille messinoise, cramponnée à l'escalier du bateau et qui ne voulait absolument point partir sans avoir écoulé sa provision de cigares. Le *Péluse* reprenait sa marche, chacun s'allait coucher, et le sommeil d'une nuit consciencieusement employée à combler les lacunes de la précédente nous dérobait, plus sûrement encore que l'ombre et le lointain, la vue de l'Etna fumant.

Le lendemain, un soleil splendide nous éveilla dès l'aube. Toutes nos tribulations étaient finies. Depuis lors notre navigation n'a plus été qu'une promenade en gondole sur des flots d'un bleu noir et sous un ciel d'un bleu d'azur, dans une atmosphère enchantée. Je n'ai jamais rien vu de plus beau que ce bleu foncé, ce noir d'azur, si je puis ainsi dire, des vagues méditerranéennes, lamé et frangé d'argent par le sillage du bateau, piqué de paillettes étincelantes par un soleil triomphal. Les dames avaient reparu et tenaient leur cour sur l'arrière, changé en tente mobile. On causait, on lisait, on rêvait, on fumait, on jouait aux échecs, aux cartes, aux dominos, aux proverbes, aux jeux innocents. Chaque soir nous avions fête à bord, aux sons du piano qu'on montait sur le pont, au bruit des romances et des chansonnettes, au milieu des quadrilles organisés par l'employé des postes, le docteur du bord et les officiers. On eût pu se croire dans un salon de la rue de Rivoli, si de temps à autre, au milieu d'une valse ou d'une polka, les danseurs n'avaient roulé en riant les uns sur les autres. Un violoniste italien, élève de Vieux-temps, n'ayant d'autre défaut que de porter un burnous et un tarbouch avec emphase et de faire d'immenses gestes télégraphiques, comme s'il voulait décrocher le soleil, pour vous dire qu'il fait beau, charme les échos avec son archet, — si toutefois la Méditerranée a des échos. Le docteur, ténor mélancolique et distingué, chante le *Lac* et la *Séré-nade;* un ingénieur qui se prodigue fait défiler à nos oreilles tout le répertoire d'Offenbach. Il a chanté le *Sabre de mon père* en travers du cap Matapan, et le grand air de la *Belle Hélène* en vue de l'île de Crète et du mont Ida, où le berger Pâris décerna la pomme à Vénus. J'ai cru entendre les Corybantes lui répondre dans le lointain. Les matelots écoutent perchés dans les haubans ou grim-pés sur les lices, passant leurs têtes curieuses à travers les interstices de la toile. Et les jours coulent ainsi, d'au-tant plus vite que, chaque matin en se levant, il faut avancer sa montre de vingt minutes pour se retrouver en règle avec le soleil.

J'ai profité de ce calme idéal, où l'on perd, pour ainsi dire, toute notion de l'existence, toute préoccupation d'activité et de travail, et où l'on s'abîmerait voluptueu-sement comme un poisson dans l'eau, pour compléter, autant que mes faibles moyens s'y prêtent, mon instruc-tion maritime. Je suis avec intérêt le premier lieutenant relevant la hauteur du soleil et la longitude que nous traversons; je m'attache aux matelots qui jettent le loch; je regarde grimper les mousses dans les haubans et les novices balayer le pont. C'est encore une fort agréable occupation de voir carguer ou larguer les voiles. Je dis-tingue maintenant le tribord du bâbord comme ma main droite de ma main gauche, et même assez proprement, avec un peu de réflexion, la misaine du grand foc et le grand foc du petit foc.

Nous débarquâmes à Alexandrie, le 21 octobre, à sept

heures du matin, après avoir louvoyé une partie de la nuit aux alentours de la passe, qui est fort dangereuse et qu'il n'est permis d'aborder qu'en plein jour et avec l'aide d'un pilote du pays. La côte d'Égypte se présente sous l'aspect d'une longue bande de sable qui dépasse à peine la surface des flots. Peu à peu le décor se dessine sur un fond orange et pourpre, dans le plus chaud lever de soleil qu'il soit possible de voir. On distingue d'abord le phare, puis le palais de Raz-el-Tin, résidence d'été du vice-roi, puis la masse fantastique du palais à demi ruiné d'Abbas-Pacha, puis un tout petit coin de la colonne de Pompée, puis une rangée de moulins aux grandes ailes tournantes. Somme toute, sauf quelques palmiers, ce spectacle n'a rien de très oriental, et le paysage manque absolument de minarets.

Aussitôt un tourbillon de barques, de toutes formes et de toutes couleurs, montées par des équipages dans tous les costumes et portant sur leurs peaux les nuances les plus variées, depuis le blanc jusqu'au noir d'ébène, en passant par le jaune, le vert, le bistre, la brique et le chocolat, viennent s'abattre autour de notre bateau. En un clin d'œil le pont est envahi. Chaque passager, chaque bagage est saisi par quarante mains à la fois. C'est un sabbat de cris, de disputes, de hurlements, de gourmades à donner le vertige.

J'étais tiré en sens contraire par deux jeunes bateliers qui avaient juré de ne point lâcher leur proie, et qui s'injuriaient avec des clameurs sauvages et des gestes furieux en déchirant mon paletot. En vain j'essayai de m'en débarrasser par la douceur; rien n'y fit, il fallut en venir à l'argument oriental par excellence : aux coups de poing et aux coups de pied. Alors ils s'écartèrent en pleurant, en s'arrachant les cheveux et en se lamentant comme des désespérés, mais sans me lâcher des yeux, et tout prêts à fondre sur moi derechef au moindre mouvement.

II

Autant que j'en ai pu juger par une première promenade à travers les rues, Alexandrie est une ville dont la beauté ne vaut point la gloire. Alexandre, César, Pompée, Octave, Antoine, Cléopâtre, Omar, Bonaparte, que de noms elle rappelle et résume, pour ainsi dire, dans le sien! Mais, en dépit d'une si grande histoire, elle a gardé une physionomie vulgaire. Ville active, affairée, elle offre toute la couleur locale qui peut se concilier avec son caractère presque exclusivement commercial et avec la multitude d'Européens qui l'habitent.

La première rue que j'ai rencontrée ici est la *via Garibaldi*. D'autres portent des noms français; beaucoup n'en portent point du tout. Les maisons sont numérotées d'un double signe, dont le second traduit le premier en chiffres *arabes*, puisque c'est le terme consacré. On entend parler à chaque pas le français, l'italien et le grec dans la rue.

Alexandrie, jadis florissante, puis absolument ruinée, et qui comptait à peine six mille âmes il y a soixante ans, en a, dit-on, plus de trois cent mille aujourd'hui, et les Européens figurent pour un tiers dans ce respectable total. Les esprits entreprenants et aussi les aventuriers de notre

Marchand de couvertures.

patrie y affluent par milliers. Quelques-uns y ont réalisé de vastes fortunes.

Malgré la trivialité bruyante de ce grand entrepôt, et quoiqu'on y rencontre partout l'Europe, ses costumes et sa langue, cependant la première impression ne laisse pas que d'être très vive sur l'Européen qui débarque en Orient. Rien n'est même plus curieux que ce mélange de deux civilisations vivant côte à côte. La redingote et le *tuyau de poêle* se heurtent partout au tarbouch, au turban, à la calotte blanche, à la longue robe de coton-

nade flottante ou serrée à la taille par une ceinture rouge ;
la musulmane hermétiquement voilée, dont on n'aperçoit
que les yeux agrandis par le *kohl* et les doigts peints avec

Costume de femme pour le dehors.

le *henneh,* coudoie la Parisienne ou la Marseillaise au
faux chignon et au petit chapeau crânement penché sur
le front ; les fiacres et les coupés à l'européenne sont con-
duits par des Levantins ou des nègres, et précédés de *saïs*

qui courent à dix pas en avant, le bâton levé pour écarter tous les obstacles.

Mais le véhicule par excellence du pays, c'est l'âne. Les ânes d'Alexandrie, comme ceux du Caire, sont renommés pour leur vigueur et leur vitesse. On en trouve des stations

Voile des Égyptiennes et coiffure.

à chaque pas. Dès que vous mettez le pied dans la rue, vous êtes assailli. Les âniers baragouinent un peu toutes les langues de la création : « Bon bourriquet, Monsu. — Prends le baudet, signor. — Monte, Eccellenza. Bonne bête; il trotte comme un diable. » Ce mode de locomotion ne coûte d'ailleurs presque rien. Vous montez, et aussitôt le baudet file comme une flèche. Ces enragés animaux ne connaissent absolument que le galop, et c'est en vain que vous essayeriez de les retenir. L'ânier trotte derrière, piquant sans cesse la bête à l'endroit sensible, et l'excitant par un *Ah!* prolongé en point d'orgue. De là des soubresauts, de brusques changements d'allure, fort dangereux pour les cavaliers novices. Sans compter que, de

Coiffure égyptienne.

temps à autre, il arrive à l'âne de se coucher tout à coup dans la poussière. Heureusement que la selle est ornée à l'avant d'un pommeau très élevé, où l'on se cramponne tant bien que mal. Il faut avoir la précaution de se tenir en arrière et de ne pas mettre ses pieds dans l'étrier, si l'on veut éviter les inconvénients de ces chutes si fréquentes, que personne n'y fait attention.

Rien n'est amusant à l'œil comme ce perpétuel défilé d'ânes lancés au grand trot et de leurs cornacs aux jambes nues, à la calotte blanche, à la robe de cotonnade bleue, tourbillonnant derrière eux dans la poussière. En cinq

Femme de demi-caste.

minutes, vous voyez passer sous vos yeux cent types divers, plus pittoresques les uns que les autres : la grave matrone drapée dans son ample domino et accroupie sur sa selle, le gros pacha suant dans sa vaste et lourde redingote, l'Arabe aiguillonnant sa bête d'un claquement de langue, l'*effendi* tenant d'une main son ombrelle déployée, de l'autre un livre ouvert; le gamin, perché

Aniers d'Alexandrie.

sur la croupe, les jambes ballantes et passant fier comme un roi.

Quel tumulte, quelle vie, quel mouvement partout! De dix en dix pas sont installés sur les trottoirs des changeurs assis devant leurs petites boutiques portatives et remuant sans cesse des piles de monnaie dans leurs mains. Les industriels ambulants vous offrent des plumes d'autruche, des jeux de cartes, des bijoux, des éventails, des boîtes d'allumettes, des canifs, des chemises de flanelle, des babouches qu'ils font huit francs et qu'ils laissent à quarante sous. Les décrotteurs vous poursuivent et vous traquent avec leurs boîtes et leurs brosses; au moindre signe, ils s'affaissent sur eux-mêmes et s'asseyent dans la boue pour vous nettoyer. Les marchands annoncent leur marchandise par des modulations qui ressemblent au chant d'un verset.

Voici le *hammal* musculeux qui passe, portant suspendu sur son dos un poids énorme, que soutient une corde enroulée autour du front. Voilà des gens de corvée qui transportent, à l'aide de perches passées dans des anneaux et appuyées sur leurs épaules, un bloc de pierre gigantesque : un chef marque le pas en scandant une mélopée bizarre, à laquelle tous les hommes répondent en chœur, comme dans nos litanies. Le marchand d'eau fait tinter sa cymbale; le mendiant affaissé contre un mur, au milieu des Arabes qui se grattent au soleil ou qui dorment étendus sur le pavé, psalmodie sa prière en nasillant. Les femmes fellahs passent et repassent avec leur enfant à califourchon sur l'épaule, la *gargoulette* en équilibre sur la tête ou sur la main gauche étendue. Et parfois toute cette foule est coupée par de grandes files de chameaux, qui s'avancent d'un pas lent et allongé, en grognant sourdement, avec ces ondulations pareilles au roulis d'un navire, dont la vue suffirait presque à donner le mal de mer.

Il n'est peut-être aucun lieu historique qui ait subi plus de vicissitudes qu'Alexandrie. D'abord simple village, puis la première ville du monde après Rome et peuplée de près d'un million d'habitants, puis tombée dans une décadence si profonde et si misérable, qu'il semblait impossible qu'elle s'en relevât jamais, elle a repris, depuis le règne de Méhémet-Ali, un mouvement d'ascension d'une rapidité prodigieuse. Mais l'ancienne capitale de l'Égypte, sous les Ptolémées et les Romains, n'est plus aujourd'hui qu'un grand entrepôt de commerce. La ville lettrée, illustre par sa bibliothèque, son académie, ses philosophes et ses poètes, où affluaient les richesses intellectuelles du monde entier, est devenue le rendez-vous des coureurs d'affaires, des chercheurs d'aventures et des négociants qui ont eu quelques malheurs dans leur pays natal. La ville fondée par Alexandre, gouvernée par Cléopâtre, défendue par César, dévastée par Amrou, prise par Bonaparte, n'a gardé, pour ainsi dire, aucun vestige de sa vieille splendeur historique.

La moderne Alexandrie est très fière de sa place des Consuls, conquise sur le sable par un ingénieur français, et où il y a jusqu'à deux bassins pourvus d'eau fraîche et quatre rangées d'arbres; de la résidence d'été et des jardins du vice-roi; du jardin de Moharem-Bey, promenade publique plantée de palmiers, de bananiers, de citronniers, où tous les vendredis, au son d'une musique qui défie toute épithète, des beautés internationales viennent distribuer aux commis voyageurs en quête d'aventures les œillades dont ne voulait plus leur ingrate patrie. Mais qu'est devenu son phare de marbre blanc, l'une des sept merveilles du monde? Où sont passés le *Serapeum*, le *Museum*, et ce palais construit pour Salomon par les génies, au dire des écrivains arabes, et ces quatre cents colonnes de marbre et de granit rose, dont la colonne dite de Pompée est l'unique débris survivant? Les seules traces qui restent des beaux temps du christianisme, sur ce sol qui compta parmi ses évêques saint Marc, saint Athanase, saint Cyrille; parmi ses docteurs, saint Clément et Origène, ce sont de petites catacombes, décorées çà et là de fresques grossières, mais très curieuses, que le temps a aux trois quarts effacées, puis une église copte souterraine, où l'on descend par un puits, dans les parois duquel sont pratiquées des entailles pour les pieds. Les Arabes ont élevé une mosquée, qui n'a même pas le mérite d'être belle, sur l'emplacement où se fit la version des Septante.

Il n'y a, en réalité, que deux monuments à Alexandrie : l'aiguille de Cléopâtre et la colonne de Pompée. La première est un obélisque d'une antiquité respectable, couvert d'hiéroglyphes, et transporté d'Héliopolis à Alexandrie sous le règne des Ptolémées Il est perdu dans un étroit chantier, tout encombré de planches et de pierres de taille. Un second monolithe, semblable au premier, a été cédé à l'Angleterre, où il a fini par arriver après les plus tristes aventures.

L'état de la colonne de Pompée témoigne de la même incurie. Les Égyptiens ne savent même pas entretenir et surveiller ce qu'ils sont devenus incapables de produire. On ne répare rien dans ce pays, où la ruine semble l'état normal, et où l'on habite une maison jusqu'à ce que le toit tombe sur le plancher. Le piédestal de la colonne, déchiqueté à coups de marteaux par les vandales du *tourisme* et souillé par tous les gamins du voisinage, par tous les ânes et les âniers de la ville, a des fentes à y mettre la main et des trous à y introduire le corps. Les aveugles et les mendiants au long bâton, insigne de leur position sociale, y psalmodient tout le jour, d'un ton nasillard, les louanges de Mahomet, et y couchent le soir à la belle étoile.

La colonne de Pompée s'élève, en dehors de la ville, entre le cimetière arabe, morne et aride accumulation de pierres blanches, où poussent çà et là quelques plantes desséchées que les *fellahines* viennent précieusement cueillir, et une agglomération de huttes misérables, — les unes en terre, les autres en joncs, quelquefois percées, en guise de fenêtre, d'un petit trou sans vitre, — qui forment une espèce de petit village plein de mouvement, de saleté, de vermine et de soleil. Les enfants tout nus s'y roulent au milieu des chiens, des chèvres et des poules.

C'est dans le quartier arabe qu'il faut flâner au hasard,

si l'on veut se rassasier de couleur locale. Le bazar est pauvre, il est sale, il pue; mais là grouille une population pure de tout mélange; là s'ouvrent ces échoppes de deux pieds carrés où le marchand, les jambes croisées sous lui, attend tranquillement la pratique; ces boutiques en plein vent, ornées d'une natte au dehors, et ces cafés innombrables où l'Oriental hume dans des coquetiers un moka parfumé et passe des heures à rêver accroupi sur un banc, en fumant le chibouck ou le narguilé. On y voit des commerces inouïs, des boutiques dont le contenu vaut bien vingt-cinq centimes. J'y ai rencontré des marchands dont l'étalage se composait exclusivement de gâteaux de fiente de vache desséchée (je demande pardon au lecteur), qui servent de charbon aux pauvres gens pour leur cuisine. Mais, comme partout en Orient, la lumière et la couleur jettent un rayon de poésie sur ce spectacle et en sauvent les côtés répugnants.

Si je n'eusse été pressé comme un touriste évadé du journalisme pour quelques semaines seulement, j'aurais aimé à gagner le Caire par le canal Mahmoudieh, qui réunit Alexandrie au Nil, dont il est, pour ainsi dire, un des bras. Les travaux de Méhémet-Ali ont restitué à la navigation cette œuvre des Ptolémées. Mais il eût fallu plusieurs jours pour ce voyage, tandis que, par le train express, ce trajet se fait en quatre à cinq heures : — quatre heures en théorie, cinq et quelquefois six en réalité. Les chemins de fer égyptiens ont gardé quelque chose des traditions patriarcales de la diligence : ils flânent en route et arrivent quand ils peuvent.

Pourvu seulement qu'on ne soit point pressé, on n'aura pas lieu de s'en plaindre, car la route est curieuse et plus d'une fois charmante, sans compter le plaisir assez piquant qu'on éprouve à voir devant chaque station **un chef de gare en tarbouch**, qui vous salue en portant la main sur ses lèvres, puis sur son front; des hommes d'équipe en robes de laine bleue et en turban, des surveillants sans bas et sans souliers, et de grands diables de nègres, vêtus tout de blanc comme des mariés, qui donnent le signal du départ en agitant la sonnette.

La voie traverse le lac Maréotis, qui n'est qu'un grand marécage, et laisse à droite le canal Mahmoudieh. Le pays, d'abord stérile, devient bientôt d'une fécondité remarquable. A voir ce terrain plat, tout sillonné de canaux et de rigoles qui portent l'eau jusqu'en ses moindres recoins, on se croirait tantôt en Hollande et tantôt en Normandie, n'étaient l'éclat du ciel et les détails du paysage. Le lin, le chanvre, le coton, le maïs, la canne à sucre, le riz, l'indigo, le tabac, se succèdent dans les champs; le mimosa épineux, le sycomore au large tronc, aux branches énormes et tordues, dont chacune porte un arbre entier; le palmier élancé, cet arbre aux usages multiples, aussi utile par ses fibres, dont on fait des cordes, et ses feuilles dont on fabrique des coussins et des nattes, que par son bois et par ses fruits; l'acacia, le tamarin, le bananier au tronc lisse, s'alignent sur les routes. Le vieil oiseau sacré, l'ibis, s'envole par bandes innombrables; l'épervier tournoie dans l'air bleu, en chassant devant lui des troupeaux de bécassines éperdues, et s'abat sur un mara-

Un fellah.

bout qui sert de tombeau et de fontaine pour les passants.

« Voici un village arabe, » me dit mon compagnon de route. Je regarde et n'aperçois rien d'abord. Peu à peu cependant, à force d'attention, mes yeux distinguent un amas de petits tubes en terreau, gourbis pareils à ceux que les enfants pétrissent avec leurs mains dans la boue ou dans le sable lorsqu'ils veulent faire *une maison*. Çà et là, le mortier est mélangé de branches de palmier, soutenu de joncs ou de roseaux. Pour toute ouverture, une porte. Ces misérables taupinières humaines, hautes de quelques pieds au plus, grandes à peine comme la moitié d'un salon parisien, mais où l'on retrouve l'architecture des grands pylônes, sont perchées sur des éminences qui doivent les mettre à l'abri des inondations. La précaution est excellente, mais ne suffit pas toujours, et c'est par milliers qu'une des dernières crues du Nil a emporté les cahutes de ces pauvres gens.

Comment peut-on vivre et coucher là dedans? On n'y vit pas. L'Arabe mange et couche dehors. Il se sert de sa maison comme de ses souliers, quand il en a. Combien de fois n'ai-je pas rencontré le soir, par les rues, des Arabes assis devant leurs portes, avec leurs chaussures proprement rangées à côté d'eux! Il suffit d'avoir aperçu ces villages pour comprendre la misère *incomparable* dans laquelle le fellah croupit si profondément et depuis tant de siècles, qu'il s'en est fait une habitude et comme une seconde nature. Il y a là un des problèmes les plus tristes, mais aussi les plus instructifs, qui puissent se poser à l'esprit d'un voyageur. Le fellah est sobre comme le chameau; il est laborieux, économe, il a sous sa main la terre la plus fertile du monde, servie par un soleil généreux et par un fleuve bienfaisant, sous un climat admirablement sain. C'est là un ensemble de conditions parfaitement choisies pour s'enrichir, et pourtant rien n'est plus pauvre au monde que le fellah. Les artisans les plus laborieux et les plus vaillants gagnent péniblement ici huit à dix sous par jour. Ce malheureux peuple, victime résignée d'une oppression et d'une exploitation constantes, proie perpétuelle d'un absolutisme oriental par excellence, conquis vingt fois et dominé presque toujours par des maîtres étrangers, est encore à peu près aujourd'hui à ce régime décrit par Moïse, où le Pharaon était l'unique propriétaire du pays.

Ces villages, qui font pitié à voir, sont des ruches pleines de mouvement et de bruit. Le long des canaux et des champs encore submergés en grande partie par l'eau du Nil, sur toutes les routes et dans tous les sentiers, circule une population affairée, qui amuse l'œil par la prodigieuse variété de ses types et surtout de ses costumes. Les ânes passent au grand trot; des *théories* de dromadaires défilent d'un pas monotone et ennuyé; des troupeaux de buffles courent pesamment et barbotent dans l'eau trouble, tandis que de grands pygargues fendent l'air de leurs ailes puissantes, et que des grues, des hérons, des cigognes, perchés sur leurs longs pieds dans des attitudes bizarres, ponctuent la verdure de taches grises ou blanches. Aux portes des maisons, j'aperçois la

Femmes fellahs.

charrue indigène et les troncs de palmier qui remplacent la herse. Devant les stations s'agite et crie une foule bariolée. Des petites filles au ton de brique, à la mine douce et éveillée, vous présentent naïvement la gargoulette où l'indigène vient de boire à même sous vos yeux. Les marchandes de pastèques, de dattes, de grenades, de courges, de graines de concombre passées au four et légèrement salées, de maïs grillé, d'oignons et de navets confits dans le vinaigre, vous assaillent de leurs offres de service. Cent voix et cent mains tendues réclament le *bakchich* (pourboire) avec une candeur de mendicité qui désarme.

La première station est Damanhour, chantée par Victor Hugo dans ses *Orientales*. « Les lis pâles de Damanhour » me sont apparus sous la forme de petites déguenillées sans bas et sans fichu, noires comme des taupes, et portant trois pommes en équilibre sur leur main tendue; mais la ville est pittoresque de loin avec ses blancs minarets se détachant sur le fond vert des palmiers. La voie traverse à plusieurs reprises le Nil sinueux, couvert de barques aux grandes voiles pointues et penchées : — d'abord la branche de Rosette, l'ancienne branche canopique; puis celle de Damiette, l'ancienne tanitique. Les cinq autres, qui sillonnaient jadis le Delta, ont presque entièrement disparu, obstruées par les sables. L'Égypte est un grand terrain mouvant, un sol d'alluvion, qui se déplace avec les siècles, et que le flot parfois remporte après l'avoir apporté. Sur plusieurs points de son parcours le Nil a changé de lit, et Damiette, qui était un port au temps de saint Louis, se trouve aujourd'hui refoulée à quelques lieues de la mer.

Après Kafr-Zaiad, le train s'arrête à Tantah, célèbre par sa grande foire, où se renouvellent chaque année, au printemps, les licences qu'on raconte des fêtes de Flore et des Bacchanales. Il faut glisser rapidement sur ce sujet scabreux, qui éclaircrait pourtant, si je le pouvais traiter, l'une des faces de ce pays étrange, où l'esprit religieux, la douceur et l'aménité des mœurs s'allient à une immoralité toute païenne.

En passant à Benha, on me montre dans le lointain le château abandonné d'Abbas-Pacha. Chaque souverain, en Égypte, n'a rien de plus pressé que de se faire bâtir des palais nouveaux d'un bout à l'autre du pays, dès son avènement au trône, et de laisser tomber en ruine ceux qu'a construits et qu'habitait son prédécesseur. Comme ces veuves indiennes qu'on brûlait sur la tombe de leurs maris, toute demeure princière est condamnée par un usage fastueux à partager la mort de son propriétaire. La basse Égypte est ainsi couverte de palais, les uns ruinés, bien que parfois ils n'aient pas plus de vingt à trente ans de date, les autres qui rivalisent de leur mieux avec les descriptions des *Mille et une Nuits,* du moins par l'ameublement, car l'Égypte a bien perdu les traditions de l'architecture élégante des Arabes, comme celle de l'architecture solide des Pharaons.

C'est au palais de Benha qu'Abbas-Pacha fut assassiné dans son lit par deux mameluks, en 1854. Abbas, successeur et petit-fils très dégénéré du grand Méhémet-Ali,

avait le tort, entre beaucoup d'autres, de trop se plaire en
la compagnie des mameluks. Il est vrai qu'il se récréait
à leur faire trancher la tête de temps en temps. Il arriva
un jour où ces amis dignes de lui prirent les devants et
délivrèrent l'Égypte. Abbas pourtant avait du bon : il était
le père des pigeons et des soldats. Il y a dans sa vie un
mélange de mélodrame et de pastorale qui forme un
composé des plus originaux. S'il lui arrivait de faire voler
la tête d'un esclave d'un coup de sabre ou coudre la
bouche de ceux dont les façons de parler lui déplaisaient,
il passait ensuite des journées entières à nourrir ses pin-
tades et à caresser doucement ses colombes. Personne
n'a fait bâtir plus de pigeonniers et de casernes. Sans
compter qu'il aimait les mœurs à sa manière : c'est
Abbas-Pacha qui a exilé du Caire et relégué les almées
dans la haute Égypte.

A mesure qu'on approche du Caire, la fertilité redouble.
Tout à coup, dans une échappée rapide, on distingue sur
la droite les pyramides de Gizeh. Au loin, sur la gauche,
la ligne du désert s'allonge comme une mer de sable.
Puis dix, vingt, trente, cent minarets jaillissent devant
nous, entourés d'une mer de terrasses et de coupoles.
C'est la *capitale victorieuse,* comme disent les Arabes
dans leur langage imagé et menteur, *Massr el Kâhirah,*
dont nous avons fait le Caire.

III

Je suis descendu à l'hôtel d'Orient, tout près de l'Esbékyeh, au centre du quartier franc. L'hôtel a une grande cour, arrangée à peu près comme un *patio* espagnol. On me donne une chambre meublée à l'européenne. Je pourrais me croire à l'hôtel du Louvre sans deux détails caractéristiques : la chambre n'a pas de cheminée, car la cheminée est inconnue en Égypte, et le lit est hermétiquement enveloppé dans un moustiquaire de mousseline transparente, où il faut s'insinuer avec les précautions les plus minutieuses, si l'on n'y veut être suivi par l'insecte féroce qui est la plaie des pays du soleil.

La chaleur est horrible. Depuis que j'ai mis le pied en Égypte, je comprends ce que j'ai lu jadis dans la relation de je ne sais plus quel voyageur. A Djeddah, dit-il, les gens du monde, ceux qui tiennent en même temps au confortable et aux bons usages, se font porter en visite dans des jarres pleines d'eau, et la grande politesse de la personne visitée consiste à remplacer par de l'eau fraîche le contenu de la jarre. Mais, quoiqu'il fasse aussi chaud ici que sur les bords de la mer Rouge, cette coutume enviable n'est point suivie au Caire, et j'aurais eu peur, en l'adoptant pour mon compte, de me faire remarquer. Ce respect humain m'a coûté des flots de sueur. Pour suppléer à cette précaution dans une certaine mesure, je me procurai, dès ma première sortie, un *complet* en coutil qui devait venir en droite ligne de la *Belle Jardinière*, et l'un de ces casques de liège garnis d'un voile bleu, inventés par le génie pratique des Anglais dans l'Inde.

Au Caire, on se sent tout à fait dans un autre monde. Malgré des embellissements désastreux, malgré les tentatives de tous les pachas et spécialement du khédive Ismaïl pour y faire pénétrer la civilisation européenne, la capitale de l'Égypte est restée, bien autrement que Constantinople, la ville orientale par excellence. Il s'écoulera plus d'un siècle encore avant que les efforts éclairés des beys et des effendis qui ont achevé leur éducation dans les coulisses des Variétés puissent lui enlever son cachet. Dès le jour même de mon arrivée, j'en avais eu deux preuves significatives, l'une dans le genre profane, l'autre dans le genre sacré.

Sur le chemin de la gare à l'hôtel, dans un vaste espace laissé libre par les démolitions, deux saltimbanques à demi nus, grimaçants, immondes, donnaient la représentation d'une pantomime ignoble, sur la signification de laquelle ne pouvait subsister aucune équivoque. Tout en disloquant son corps dans des contorsions épouvantables, l'un d'eux jouait du hautbois avec son nez. Trois musiciens, dont deux soufflaient dans des flûtes longues de six pieds, l'autre frappait sur un tambour, allaient et venaient autour de lui, tournant d'un côté, puis de l'autre, avançant et s'éloignant à reculons, pressant le pas ou le ralentissant. Les épisodes les plus grossiers de ce spectacle d'une licence tout orgiastique étaient salués par les rires et les applaudissements d'une foule immense, où se voyaient beaucoup de jeunes filles, et qui semblait s'y complaire comme à un divertissement national.

Le soir, sous les fenêtres de mon hôtel, à cinquante pas du Cirque, du Théâtre-Français, où l'on joue Offenbach, Sardou et Gondinet, du Théâtre-Italien, où l'on danse le ballet de *Giselle* et où l'on chante *Aïda*, j'ai vu célébrer une fête instituée par les legs d'un santon mort il y a deux siècles. La rue, recouverte d'un tapis, éclairée par les lanternes de forme particulière qu'il est d'usage d'attacher auprès des mosquées et des *marabouts*, fourmillait de croyants. Dans l'enceinte, formée au centre de la rue par une barrière, le chef de la cérémonie, debout, nasillait quelques versets du Coran en tournant successivement la tête à l'orient et à l'occident, comme un pantin mis en jeu par une ficelle. Devant lui s'allongeait un double ovale, l'un de musulmans accroupis, l'autre de musulmans debout par derrière ; tous avaient ôté leurs babouches, réunies au centre en un petit tas assez mal-

Le Caire.

propre. Les musulmans accroupis accompagnaient le chef en se dandinant de droite à gauche et d'avant en arrière, et en frappant dans leurs mains ; les musulmans debout, en s'affaissant sur eux-mêmes par un mouvement saccadé, accompagné chaque fois d'un *hou* assez pareil à celui des gindres qui pétrissent la pâte. Pendant une heure, le chanteur ne s'arrêta pas, et les *hou, hou, hou,* s'accentuant de plus en plus, l'accompagnaient toujours. De temps à autre, l'un des assistants était pris d'extase ; il levait les bras en criant : *Allah!* il interpellait le chef en mots entrecoupés ; il poussait une exclamation rauque, un cri aigu comme celui d'une bête sauvage, et, stimulés par ce coup de fouet, les *hou* et les contorsions reprenaient de plus belle.

Au bout d'une heure, le chant cessa et les assistants tombèrent épuisés. Mais quelques exaltés, couchés à terre, continuaient encore par soubresauts à crier : *Allah! Allah!* et à se secouer le corps en un mouvement spasmodique et convulsif. Dans un coin, un Nubien, debout, rigide et immobile comme une statue de pierre, faisait glisser entre ses doigts les grains d'un chapelet, et un jeune garçon, de douze à quatorze ans, se précipitait sur le sol la tête la première, de minute en minute, et baisait la natte en poussant une clameur bizarre.

Pendant ce temps s'accomplissait un autre épisode de la cérémonie. Derrière un Arabe portant une de ces torches de résine qu'on appelle des *maschals* s'avançait, deux par deux, une longue procession d'Arabes, chantant ces mélodies indigènes qu'il est absolument impossible de qualifier. Un grand gaillard taillé en Hercule, et soulevant le drapeau sacré de l'Islam, marchait en tête. Ils vinrent défiler trois fois autour d'une espèce de mât de cocagne orné de lanternes, formant comme un candélabre gigantesque, puis s'arrêtèrent en cercle, pressant la mesure de leur chant, tandis que le porteur du drapeau continuait à faire le tour du mât. Au bout de quelques minutes, une autre procession rejoignit la première, en recommençant les mêmes simagrées; puis tous s'accroupirent, et un individu, resté debout à l'arrière, se prit à nasiller une espèce de complainte en neuf cent quatre-vingt-dix-neuf couplets pour le moins, d'une uniformité lugubre, que j'eus la patience d'écouter pendant vingt-cinq minutes, mais qui enfin me mit en fuite. Une demi-heure écoulée, avant de me coucher, j'ouvris ma fenêtre : la complainte continuait toujours; cette fois les assistants l'accompagnaient en frappant leurs mains et en se démenant comme des poussahs.

Le lendemain, en attendant ma visite aux derviches hurleurs, dont les exercices que je viens de décrire ne sont qu'un pâle décalque, je suis allé voir les derviches tourneurs, qui ont bien leur charme aussi.

Les derviches tourneurs donnent des séances publiques dans leur couvent tous les vendredis, vers trois heures de l'après-midi. Malgré la nature étrange de leur dévotion, ce sont des gens très civilisés. La preuve c'est que, comme j'étais arrivé en avance d'un quart d'heure, on m'introduisit dans un salon très bien meublé, où l'on eût put se croire, sans la présence d'un derviche assis sur

Derviches tourneurs.

une pile de coussins, chez un bon bourgeois du faubourg Montmartre. Le moment venu, on nous fit descendre dans une espèce de cirque, et nous nous assîmes sur les chaises préparées autour de la barrière. A toutes les fenêtres se pressaient des têtes curieuses de gamins, qu'un gardien faisait fuir en appliquant des coups de cravache sur la vitre.

Une clameur prolongée, pareille au cri de guerre du sauvage, annonce le début de la cérémonie. Treize derviches, coiffés du haut bonnet et couverts d'un manteau de couleur, font successivement leur entrée dans l'enceinte en saluant suivant tous les principes. Le dernier de tous, et à une certaine distance, entre le chef, à qui ses subordonnés font une profonde révérence. Il se distingue d'eux par la couleur sombre de son manteau et la garniture de laine noire qu'il porte au bas de son bonnet.

Le chef traverse lentement la salle et va s'accroupir au fond sur un coussin. Il baise la terre; les autres l'imitent, puis ils restent immobiles et silencieux pendant quelques minutes. Tout à coup de la galerie supérieure descend une modulation étrange et mélancolique, légère et frémissante comme le bourdonnement d'une ruche. Un derviche debout, le livre sacré à la main, module à mi-voix un chant frêle et monotone, qui s'enfle et grandit peu à peu. Cela dure environ dix minutes. Trois ou quatre coups de tambourin retentissent. Une musique très lente et très douce, comme le chant qui l'a précédée, se fait entendre. Deux flageolets brodent, sur le fond flottant

de cette mélodie, des variations à peine perceptibles
à l'oreille. En bas, les derviches demeurent toujours
immobiles.

Mais, à une vive reprise du tambourin, ils se jettent
à terre, se relèvent, et, à la suite du chef, ils font à pas
comptés le tour du cercle, en saluant le coussin deux par
deux, et en prenant garde de ne jamais lui tourner le
dos. A mesure qu'ils défilent sous mes yeux, je les exa-
mine. Il y en a de tous les âges, depuis un enfant de
douze ans jusqu'à un vieillard au moins septuagénaire;
mais ce vieillard a terminé sa carrière active : il se borne
désormais au rôle de surveillant et de maître des cérémonies. Tous sont d'une maigreur ascétique; on lit dans
leurs yeux demi-clos l'expression d'un enthousiasme
auquel, dit-on, le hachisch n'est pas absolument étranger.

Durant cet exercice préliminaire, la musique redouble
d'intensité. Dès qu'ils sont revenus à leur place, le chant
s'unit aux accords des flûtes et des tambourins. Alors
tous se dépouillent de leurs manteaux, viennent successivement baiser la main de leur supérieur, et s'éloignent
en tournoyant sur eux-mêmes. Leurs bras, d'abord pliés
sur la poitrine, s'étendent peu à peu. La plupart les
tiennent étendus en long; plusieurs lèvent le bras droit
et y appuyent leur visage en dansant. Quelques-uns ont
la tête à demi renversée, dans un état d'hallucination
évidente, comme transportés en rêve dans le paradis de
Mahomet. Ils pirouettent ainsi en cadence pendant dix
minutes, d'abord en restant à la même place, puis en
pivotant autour de l'enceinte, sans jamais s'empêtrer les

uns dans les autres. Leurs longues jupes s'arrondissent en volants et tourbillonnent avec eux.

Cet exercice se renouvelle avec le même caractère de gravité religieuse, de mollesse orientale, de langueur extatique et efféminée, sans autre intervalle qu'un repos d'une ou deux minutes, pendant lequel ils se tiennent rangés autour de la barrière, les mains croisées sur leurs épaules. Après la quatrième reprise, la musique cesse, le chant qui s'était interrompu recommence; tous viennent saluer leur supérieur, retournent à leur place et s'accroupissent de nouveau. Le vieillard, qui a surveillé les pirouettes de ses jeunes frères, se plante obliquement devant le chef, et, levant ses deux mains à la hauteur de la figure, lui déclame longuement je ne sais quel baragouin. Après quoi les derviches baisent la terre et se lèvent. Le supérieur nasille un verset du Coran, auquel ils répondent par un *hou* prolongé, et ils sortent processionnellement. L'assistance s'écoule et trouve à la porte un derviche qui tend la main, dans laquelle chacun dépose, suivant sa générosité, le prix de la représentation.

Et voilà la façon que les dévots musulmans ont trouvée pour honorer Dieu.

Il est vrai qu'ils en ont trouvé d'autres encore, par exemple l'usage de se faire marcher sur le corps par un scheik à cheval, de se traverser les joues avec des poignards, et d'avaler des scorpions, des vipères et du verre pilé. D'ordinaire cette grande cérémonie *religieuse*, qu'on appelle le *dosseh*, a lieu au retour du tapis sacré de la

Mecque; par extraordinaire elle s'est accomplie quelques jours après mon arrivée, pour fêter l'anniversaire funèbre d'un saint personnage décédé il y a deux siècles, celui qui a donné son nom à la mosquée Tastouchi, dans le quartier de Bab-el-Chéri. Averti par mon drogman, je m'y trouvais, et j'ai de mes propres yeux vu tous les détails de cette farce tragique.

Trois heures avant qu'on commençât, les rues voisines de la mosquée regorgeaient déjà de curieux et de fidèles. Tous les cafés étaient pris d'assaut, toutes les terrasses couvertes de monde, tous les *moucharabichs* tapissés de têtes féminines.

Les *cavas*, qui équivalent à peu près à nos sergents de ville ou à nos municipaux, faisaient ranger la foule à coups de courbache : la courbache est un argument en cuir d'hippopotame, qui a cours sans cesse ici dans les conversations d'employés et de fonctionnaires avec le peuple. Les petits marchands des rues, qui se comptent par milliers au Caire, et les saltimbanques, — charmeurs de serpents, danseurs, escamoteurs, — amusaient la foule en attendant.

Une clameur confuse, sur laquelle se détache le cri déchirant des femmes [1], annonce l'apparition du cortège. Une dernière distribution de coups de courbache, et la voie se trouve libre.

L'horrible et grossière procession apparaît dans le loin-

---

[1] Ce cri d'une nature si particulière, espèce de gloussement aigu et prolongé, tantôt joyeux, tantôt plaintif, produit par une vibration rapide de la langue dans la bouche entr'ouverte, s'appelle *zagarit*.

tain. Elle s'ouvre, derrière un cavas à cheval, par des joueurs de tambourins, qui s'avancent en branlant la tête, en nasillant et en dansant; les joueurs de flûtes, de crotales, de *dharboucks* et de *sagatis* se succèdent quelque temps par groupes détachés, entre lesquels des descendants du Prophète portent le saint drapeau de l'Islam. Sur les flancs, des enfants passent qui ont les joues tailladées à coups de couteau et traversées par des instruments de cuivre d'une forme puérilement compliquée. D'autres portent à la main d'énormes poignards, enjolivés d'une boule et de rubans, qu'ils s'enfoncent dans le corps en bondissant comme des fous et en hurlant : *Allah!*

Puis viennent des groupes d'êtres humains, qui marchent enlacés, penchés en avant, ivres de fanatisme et probablement d'autre chose encore. Ils psalmodient je ne sais quel cantique monotone sur un ton furieux et saccadé, et trois personnes marchant à reculons soutiennent le groupe à pleins bras pour qu'il ne tombe point.

Le maître des cérémonies fait un signal. En un clin d'œil, tous se jettent à terre, étendus à plat ventre. Des hommes les serrent et les empilent les uns contre les autres, comme des sardines, en ramenant les bras par-dessus la poitrine. On se dispute la place, des injures et des coups de poing s'échangent; et toujours cet infernal bruit des flûtes et des tambourins, qui suffirait à vous rendre fou!

Enfin mille hommes sont couchés sur le ventre tout le long de la rue; ils ne bougent plus; les spectateurs du premier rang les éventent en agitant leurs robes. Un père git devant moi entre ses deux enfants, et, du toit voisin, la mère les encourage avec cette volubilité criarde qui distingue la femme arabe.

Cela fait, le maître des cérémonies tasse les corps en marchant dessus. La grande clameur double d'intensité, et l'*ululation* féminine atteint des proportions aiguës. Le scheik vient d'apparaître à cheval. Il est précédé des mangeurs de serpents, de scorpions et de verre pilé, secte vénérée entre toutes, et qui occupe toujours le premier rang dans ces cérémonies. Deux dignitaires conduisent son cheval par la bride; deux autres le soutiennent lui-même de chaque côté. Le scheik paraît anéanti dans une extase de mysticisme ou d'ivresse; il a les yeux fermés, la tête branlante; il chancelle et tomberait certainement à chaque pas si on ne le soutenait. Ses compagnons et lui s'avancent en marchant sur le tapis humain; le sabot du cheval se pose sur le dos et les reins, glisse et se rattrape au corps suivant. A peine est-il passé, que les croyants se relèvent ou sont relevés par leurs voisins ou leurs amis. Tout disparaît dans une confusion indescriptible, en un chaos sans nom, où s'agitent convulsivement des milliers de têtes frénétiques, et, çà et là, des corps crispés par la douleur, qu'on emporte à la hâte.

Le cortège continue sa marche; il arrive à la cour intérieure de la mosquée, où l'attend le grand scheik, assis sur des piles de coussins, au milieu d'une assistance choisie, à laquelle on a servi le café et les chiboucks pour lui faire prendre patience. C'est alors, au signal que donne le grand scheik en levant un sabre, que commencent les exercices des mangeurs de scorpions et de verre cassé, digne couronnement de l'édifice.

Mais les nerfs d'un faible Européen n'en pouvaient endurer davantage; je sentais le vertige me gagner, et je me suis échappé comme j'ai pu, emportant le souvenir indélébile de ce cauchemar, et me demandant à quelle époque et par quels moyens la civilisation pourra avoir prise sur un peuple pour qui de pareilles scènes sont de grandes fêtes nationales et religieuses.

Au Caire, il n'est pas une coutume, pas un trait de mœurs qui ne soit pour l'Européen un sujet de curiosité et de surprise. Le 3 novembre, au matin, j'ai assisté à la fête des Morts dans le cimetière copte, aux portes du vieux Caire. Les coptes sont des chrétiens, mais ces chrétiens sont des Arabes et des Levantins. La coutume est, ce jour-là, d'aller dîner sur la tombe de celui qu'on a perdu. Chacun apporte des cierges, qu'il plante autour de la fosse, et le clergé vient bénir chaque monument désigné ainsi à ses prières.

Pendant ce temps, dans toutes les autres parties du cimetière, les familles orientales se sont installées sur le tombeau même de leurs parents, après l'avoir recouvert d'une natte, d'un tapis ou d'un drap semé de fleurs. Des pleureuses voilées chantent une complainte funèbre, à laquelle répondent et que recouvrent parfois les cris aigus des femmes, pareils aux gloussements d'un troupeau de poules éperdues. L'une, agenouillée sur ses talons, promène d'un bout à l'autre du tombeau une écharpe noire qu'elle secoue, en répétant toujours la même phrase d'une voix déchirante. Une autre raconte la vie et les belles actions du défunt, avec des contorsions, des clameurs, des claquements de dents et des tremblements de mains indescriptibles. On ne peut les entendre sans avoir les nerfs secoués. Quelquefois elles arrivent à s'exalter elles-mêmes au point qu'il faut les emporter. Mais cela est rare. Le plus souvent, ce préliminaire accompli, elles procèdent tranquillement au repas qui forme la partie essentielle de la cérémonie. On vend des pastèques, des pommes, des dattes, des bananes, des gâteaux secs aux portes du cimetière. La plupart des familles ont apporté leur vaisselle, et aucune n'a oublié le café. J'ai vu un nègre promener de tombeau en tombeau une bouteille d'*araki* (l'eau-de-vie du Caire), et deux négresses fumer sur la tombe de leurs nourrissons, d'un air qui montrait qu'elles croyaient accomplir un devoir.

IV

Cette ville est un trésor pour l'observateur et pour le touriste. Plus je la vois, plus je m'aperçois de tout ce qui me reste à voir et de l'impossibilité de la connaître en une vingtaine de jours. Passer trois semaines au Caire, c'est comme si l'on venait passer trois journées à Paris.

Du matin au soir, je me promène à travers un conte des *Mille et une Nuits,* je m'enivre de pittoresque, je me donne des débauches de Marilhat, de Ziem et.de Decamps. Seulement, si désireux que je sois de faire partager quelque chose de ces jouissances à mes lecteurs, je ne puis me dissimuler que tout cela a été déjà raconté et écrit bien des fois par des hommes qui avaient plus de loisir pour voir et plus de talent pour peindre. C'est pourquoi j'aurais grande envie de « briser mes pinceaux » avant même de m'en être servi. Du moins, on voudra bien s'en souvenir, je n'ai d'autre prétention que celle

d'un touriste consciencieux, quoique pressé, disant exacte-
ment ce qu'il a vu et comme il l'a vu.

Pour trouver le Caire égyptien, il faut le chercher
dans la coulisse, derrière le décor du nouveau Caire, et
je sais des touristes qui ne l'ont même pas aperçu : du
reste, les fonctionnaires du khédive ne demanderaient
pas mieux que de le cacher. Des voyageurs partis pour
l'inauguration du canal de Suez, en 1869, reçus à
Alexandrie par des beys et des effendis très aimables,
les uns Français, les autres qui auraient aimé l'être,
sont venus, après avoir traversé le Delta à toute vapeur
sans s'arrêter nulle part, descendre, en suivant les quar-
tiers neufs qui conduisent de la gare en ville, à l'un des
hôtels européens de l'Esbékieh, — cette place immense,
jadis pleine de saltimbanques, d'escamoteurs, de charmeurs de serpents, de cafés indigènes, où l'on entendait
résonner le *zamir* et le *sagati,* où l'on buvait dans un dé
à coudre une liqueur exquise, servie par un nègre à robe
blanche, mais dont on a abattu en grande partie les sycomores et les acacias gigantesques pour la livrer aux entre-
preneurs de bâtisses et en faire une contrefaçon du parc
Monceaux. Toute la ville moderne et civilisée était réunie
sous leurs yeux, à portée de leurs pas, et ils n'en ont pas
vu d'autre : les postes, le télégraphe, les estaminets, les
trois théâtres, les avenues et les boulevards, qui leur ont
paru fort beaux, mais qui livrent le piéton sans défense
aux ardeurs du soleil et aux tourbillons de poussière.
Les transformations qu'on a infligées au Caire depuis
vingt ans, pour tâcher d'en faire ce que les commis voya-

geurs appellent une belle ville, sont un contresens sous le ciel de l'Orient. Heureusement ce n'est guère qu'un placage, qui s'est superposé au vrai Caire en le gâtant, mais sans le détruire.

Il faut un certain effort et une certaine persistance pour découvrir, derrière cette façade, la vieille ville arabe, et pour s'engager à fond dans l'inextricable réseau de ses milliers de petites rues.

Ces ruelles, bordées de maisons dont les murailles en briques sont percées à peine par quelques fenêtres garnies d'un treillage très serré, qui font saillie comme des balcons, jamais pavées, rétrécies encore par les auvents, les escaliers extérieurs, les étalages de boutiques, s'enchevêtrent les unes dans les autres, et forment le dédale le **plus** amusant, le plus varié, le plus *imprévu* qui se puisse rêver. Les âniers seuls parviennent à s'y reconnaître. Elles ne mènent nulle part, et mènent partout; elles s'ouvrent n'importe comment, quelquefois par une porte dans un mur, s'interrompent au hasard et vont tout à coup s'enfuir dans une impasse. Deux ânes peuvent à peine y passer de front; un chameau avec sa charge suffit pour y produire un encombrement. Et cependant une foule énorme, toujours sérieuse dans son agitation, s'y presse en tous sens et à toute heure. Le mouvement de circulation du Caire est quelque chose de prodigieux. Pour se figurer la foule qui, vers quatre heures du soir, encombre le Mousky, ce n'est pas trop de multiplier la circulation de Londres par celle de Paris. Il y a là de quoi donner le vertige. Il semble qu'un homme de plus ne pourrait tenir dans la rue. Mais les ânes se faufilent à travers cette cohue avec une dextérité qui tient de la prestidigitation, non toutefois sans frôler la jambe et écorcher le genou de leur cavalier contre les boutiques et les voitures, non sans renverser de temps à autre quelque Arabe flegmatique qui ne s'est point rangé assez vite, malgré les avertissements de l'ânier. Les coupés fendent la foule au galop, précédés du *saïs* qui court à quinze pas en avant, son bâton à la main, les flancs serrés par une ceinture aux bouts flottants, ses larges manches voltigeant comme des ailes sur son dos, et criant d'une voix de stentor, suivant les personnes à qui il s'adresse et la direction qu'il veut leur faire prendre : *Regláh, ghárah, ouhah* (gare), *ya, bint* (hé! la fille), *chemálak* (à gauche), *yeminak* (à droite), *ourdah* (on arrive), *bálack* (attention), *ouchak* (sur ta figure), *dharak* (sur ton dos), etc. etc.

Quand cela ne suffit pas, le *saïs* distribue à droite et à gauche des coups de bâton, toujours reçus avec une résignation parfaite. Les voitures arrivent dans tous les sens; on se range précipitamment, et l'on se cogne contre un âne; on fait un mouvement de côté, et l'on se jette dans les jambes d'un chameau, ou l'on reçoit sur les pieds le contenu de l'arrosoir primitif dont se servent les agents de la voirie, — une outre en peau de mouton attachée derrière un véhicule, qu'ils débouchent comme une bouteille et qu'ils balancent en zigzags pour arroser la largeur de la voie. C'est une tempête de cris, de coups de fouet, de coups de cravache, sur laquelle dominent les mélopées bizarres des innombrables marchands. Et, au milieu de ce tohu-bohu infernal, les indigènes fument tranquillement le houka et le narguilé, accroupis sur les bancs des cafés en plein air, et les clients assis sur les chaises devant les boutiques palpent les étoffes et examinent les bijoux.

On ne pourrait croire à l'immense étendue de la ville avant de l'avoir parcourue en tous sens. Le *grand* Caire semble sortir par degrés d'une boîte à surprise et se dérouler sans fin comme les toiles merveilleuses des contes des fées. De détour en détour, le long des hauts murs aux étroites fenêtres, le long des petites boutiques bariolées et des maisons surplombantes qui se rejoignent par le haut, sous les nattes et les couvertures de palmier qui font de chaque rue un passage plein d'ombre et de fraîcheur, le baudet nous emporte en une course effrénée et sans fin. Il faut être poète ou millionnaire pour se permettre habituellement ici le luxe d'une voiture, car les voitures coûtent quelque chose comme dix francs l'heure.

Le Mousky est la grande artère principale à laquelle viennent se rattacher toutes les ruelles du bazar. Ce qu'on appelle *bazar,* dans les villes d'Orient, est tout un quartier où chaque industrie occupe sa région spéciale, comme dans nos anciennes foires parisiennes. Que de richesses et d'éblouissements! Quel entassement invraisemblable d'articles de tout genre, groupés à souhait pour le plaisir des yeux : petits meubles élégants et de couleurs voyantes, tabourets incrustés, pantoufles brodées d'or, boîtes ouvragées, armes damasquinées, cimeterres avec des sentences du Coran gravées sur la lame, fourreaux enrichis de pierreries, antiquités plus ou moins authentiques, coquillages de la mer Rouge, brûle-parfums, fioles d'essence enrubannées, chapelets de musc, de bois de rose ou de santal, talismans contre le mauvais œil, selles et harnais, housses, mors, étriers, caparaçons étincelants dignes d'équiper le cheval du Prophète, objets de vannerie, depuis le couffin, espèce de corbeille sans anse, en tresse flexible, dans laquelle les fellahs enlevaient les terres du canal et qu'on rencontre sans cesse entre les mains des gens du peuple en Égypte, jusqu'aux paniers les plus fins et les plus élégants; chiboucks interminables, à tuyaux d'ambre plus ou moins pur, blagues et étuis à cigare faits pour amuser les yeux des dames du harem et serrer les cigarettes-vizir ou la provision de l'odorant latakieh, tout ce curieux bric-à-brac de l'Orient qui paye de mine et fait si peu d'usage, tous ces bibelots charmants qui jettent de la poudre aux yeux et dont les couleurs se ternissent si vite!

Rembrandt eût passé des semaines entières dans le bazar des vêtements. C'est là que j'ai vu, pendant l'inauguration du canal, nos peintres orientalistes s'approvisionner de *boursouchès*, voiles qui cachent la figure des femmes; de *kassabahs*, le morceau de toile ou l'ornement doré qu'elles se mettent sur le nez; de *habarahs*, capuces de soie dont elles se couvrent la chevelure, et qui retombent en manteaux ou se drapent en dominos autour de leur corps; de *milarahs*, variété du habarah, en laine ou en coton et de dimension moins ample; de robes qu'on appelle *sablahs*, *d'abbayes*, manteaux d'hiver à forme primitive, dont le tissu, la nuance et les chamarrures peuvent faire un vêtement d'une rare magnificence; de châles, de rubans, de larges pantalons à paillettes, de longues robes à manches ajustées, de vestes ouvertes en satin rouge, vert ou bleu, broché d'or; de ceintures de cachemire frangées, de tuniques et de gilets historiés de broderies merveilleuses; de *kouffies*, foulards de soie rayée de couleurs éclatantes, avec un mélange de fil d'or et d'argent, qu'on se met sur la tête et qu'on laisse pendre sur le dos. Ce fut une véritable orgie. Après quoi ils passèrent dans la vaste cour des tapis, où les marchands sortirent de leurs coffres sculptés des chefs-d'œuvre de Smyrne et de Téhéran, de nuances exquises et d'un travail admirable, qu'on fit miroiter savamment sous leurs yeux ardents de convoitise, et pour lesquels ils achevèrent de se ruiner.

Mais le plus curieux, sinon le plus commode, de tous les bazars, est celui des orfèvres. Par une étroite entrée on descend quelques marches, et l'on se trouve dans une ruelle qui ressemble à un corridor d'hôtel garni, si bien encombrée par les étalages des marchands, par les marchands eux-mêmes qui attendent leurs clients à la porte et par la cohue des acheteurs, que la circulation y est absolument impossible. Chaque boutique ressemble à une case, à une cabine, à un box. Mais dans cet antre, plus étroit qu'une échoppe de savetier, rayonnent des bijoux féeriques, toujours de l'apparence la plus séduisante, même quand leur valeur intrinsèque est assez mince : bracelets travaillés au marteau, boucles d'oreilles en filigrane, ornées de rubis ou de turquoises, colliers formés de piécettes arabes disposées en guirlande et suspendues à un croissant, *zerfs* en vermeil, enrichis de pierres précieuses, destinés à recevoir et à soutenir la tasse microscopique de café. Les petits coffrets, les balances, les lunettes déposées sur le comptoir, donnent à ces boutiques une vague ressemblance avec le cabinet d'un alchimiste. Il est tels de ces antres, où l'on a peine à se retourner, qui renferment autant de trésors que la caverne d'Ali-Baba, — et les quarante voleurs n'y manquent pas non plus. Défiez-vous des marchands et de leurs prix, et ne prenez pas trop au sérieux leurs protestations, leurs doléances, leurs serments par Mahomet. Défiez-vous aussi des contrefaçons, surtout dans le bazar des armes et dans quelques autres : beaucoup d'articles achetés de confiance, et rapportés en triomphe à Paris par les naïfs, reviennent ainsi à leur source première.

Je me suis hasardé quelquefois la nuit dans les rues étroites et obscures du vieux Caire, non sans un certain frisson, car elles sont aussi dépourvues de réverbères et plus dépourvues de guet que pouvaient l'être celles de Paris avant M. de la Reynie. D'ailleurs, comment se reconnaître, et, si l'on s'égare, à qui demander son chemin? Çà et là je tombais sur une petite place, vaguement éclairée par les lumières d'un café, d'où partaient un bruit d'instruments et des chants monotones; je croisais un passant qui marchait à grands pas, portant à la main, ou suspendue à un bâton sur son épaule, une lanterne de papier colorié; je me heurtais, au coin d'une ruelle solitaire, à un rassemblement formé autour d'un conteur et mélangeant ses interminables histoires du *bravo* traditionnel, — un *Ah!* longuement bêlé sur un mode lugubre. Des chiens maigres, pareils à des loups, erraient, cherchant leur pitance dans les immondices. Ces chiens, répartis entre chaque quartier dont ils sont la propriété, couchant toujours dehors, sont les principaux agents de la voierie égyptienne. Ils se connaissent entre eux et houspillent l'intrus fourvoyé sur leur domaine. Les passants les respectent pour les services qu'ils rendent à la salubrité publique; les bouchers les nourrissent de leurs débris. Souvent, aux mariages et aux funérailles, une pâtée est servie aux chiens du quartier. Ces animaux, d'ailleurs beaucoup moins effrayants que l'ont dit quelques voyageurs, sont innombrables. J'ai ouï parler d'une montagne des chiens, dans le voisinage du Caire, percée de cavernes où ils se reposent de leur vie errante et où personne ne va les troubler. Ce sont presque des animaux sacrés, comme jadis les ibis et les crocodiles, comme les chats surtout, auxquels, aujourd'hui encore, on sert des festins publics dans certains endroits déterminés de la ville, car rien ne s'est entièrement perdu des anciens usages.

Une nuit, un jeune Égyptien envoyé à Paris par le gouvernement du khédive pour y faire ses études de médecine, et avec lequel, à son retour, j'avais lié connaissance sur le bateau, m'entraîna à une noce riche où je

devais entendre chanter une célèbre almée. Pour le dire
en passant, c'est par erreur que nous avons l'habitude de
désigner les danseuses égyptiennes sous le nom d'almées :
l'almée est surtout la chanteuse, mais elle danse aussi
quelquefois. Après avoir enfilé pendant près de trois
quarts d'heure une multitude prodigieuse de ruelles
plus enchevêtrées et plus inextricables que les allées du
labyrinthe de Crète, nous arrivâmes enfin devant la
maison des mariés. La rue, recouverte d'étoffes, tapissée
de petits drapeaux, brillamment éclairée par des lustres,
formait comme un salon encadré de tentures. On y avait
transporté des banquettes, sur lesquelles étaient assis un
grand nombre d'Arabes, qui me firent place avec empressement en me donnant le *salam*, et en me saluant des plus
affectueux *Mash-Allah* et *Bismilah!* On me présenta un
plateau de dragées, et je m'assis. L'almée se tenait au
premier étage de la maison, derrière un rideau fermé.
Son viril contralto, soutenu par des cymbales, et auquel
se joignaient parfois, en guise d'accompagnement, les
voix des femmes qu'elle avait amenées avec elle, disait un
de ces chants orientaux dont la mélodie indéfinissable
déconcerte toutes nos idées musicales. Mon compagnon
me traduisait au passage les pensées et les images les plus
poétiques, qui soulevaient de longs murmures d'appro-
bation dans l'assistance. J'en ai noté quelques-unes :

« Si la nuit épaissit ses ombres, c'est pour imiter la
couleur noire de sa chevelure bouclée. Si le jour brille
de sa clarté la plus pure, il me rappelle l'éblouissant
éclat de son visage. A voir l'incarnat de ses joues, on

dirait deux roses dans une coupe d'albâtre. Le myrte de la vallée est jaloux de sa taille flexible et charmante. Soudain elle relève son voile, et tous se demandent éblouis : « Est-ce un éclair qui brille au ciel? Est-ce un feu que « l'on allume dans le désert? » L'autre nuit, elle vint me voir : « N'as-tu pas craint, lui dis-je, les aboiements des « chiens qui gardent la maison? — J'ai souri, me répon- « dit-elle, et ils se sont rendormis, croyant que l'aurore « venait de se lever. »

Pendant des heures entières, prenant à peine quelques minutes de repos entre chaque pièce, elle défila ainsi, comme les grains d'un collier de perles, tout son réper- toire de *Maouals*. L'admiration expansive des auditeurs s'exprimait sous toutes les formes : ils se levaient, gesti- culaient, interpellaient la *diva* avec enthousiasme. Cepen- dant son domestique, mis avec élégance, les manches de sa robe ornées de glands d'argent qui flottaient à chaque geste, bruyamment familier, remplissait l'office de chef de claque, criant sans cesse : *Ous* (silence), *sâma* (écou- tez), *kâman* (bis). Il se démenait, se trémoussait, diri- geait les manifestations de l'assistance à la façon de la mouche du coche, avec des airs d'importance qui indi- quaient assez le haut rang occupé par sa maîtresse dans la hiérarchie artistique. Celle-ci était, en effet, la plus fameuse de sa profession. Mon ami m'apprit qu'elle se faisait payer une somme équivalant à quinze cents francs pour sa soirée et qu'elle avait amassé des millions. Vers trois à quatre heures du matin, un Arabe vint éteindre les lumières des lustres à l'aide d'une longue perche garnie

d'un chiffon à son extrémité. La séance était ter-
minée.

C'était là le troisième acte de la cérémonie du mariage
musulman. Le premier consiste dans la promenade de la
mariée à travers les rues de la ville. J'ai rencontré bien
des fois ce cortège en errant au hasard dans le Caire. Le
matin du même jour, auprès de la mosquée de Touloum,
j'avais entendu tout à coup le son lointain des *zamirs* et
des *tablhas*. Je grimpai sur un tas de décombres, et je
regardai. La théorie s'avançait avec une marche plus
lente que celle de la tortue. En avant, deux grands gaillards, armés de bâtons, écartaient la foule; de temps en
temps ils s'arrêtaient et combattaient avec leurs bâtons
en les heurtant l'un contre l'autre; escrime innocente
à laquelle ils semblaient prendre un plaisir extrême.
Puis venaient les joueurs de flûte et de tambourin. Derrière eux des femmes voilées, amies et parentes de la
famille; ensuite des jeunes filles, brillamment vêtues de
rouge et recouvertes de colifichets, de clinquant, de
fausses pierres. Un petit enfant à cheval, orné sur le dos
d'une multitude de piécettes qui reluisaient au soleil,
était mêlé au cortège : c'était un jeune Arabe qu'on venait
de circoncire. Enfin, sous une espèce de dais ou de tente
attachée à quatre piques, que soutenaient des adoles-
cents, s'avançait la mariée, toute voilée de rouge, parée
comme une châsse, étincelante de bijoux, vrais ou faux,
à elle ou à ses amies, la tête surmontée d'une coupe que
recouvrait également la draperie sous laquelle son corps
disparaissait jusqu'aux pieds. Ainsi hermétiquement sous-

traite aux regards, elle ne pouvait faire un pas sans être guidée par la main.

Ce cortège, à ce que m'apprit mon ânier Abdallah, était celui d'un simple paysan de la banlieue du Caire.

Le deuxième acte est la promenade du marié, le soir, au retour de la mosquée, où il est allé faire la prière. J'ai assisté plusieurs fois aussi au défilé de ce cortège, à peu près toujours le même : un premier groupe de joueurs de flûte, de hautbois et de tambourin, accompagné de danseurs qui, ayant en main de longs bâtons et des mouchoirs, exécutent des pas, forment des figures lentes et monotones; un second, composé d'un grand cercle d'hommes tenant des *mashal* (flambeaux), et marchant la figure tournée vers le nouvel époux, que l'on conduit par les bras. Devant lui, au centre du cercle, un autre Arabe porte une corbeille de fleurs garnies de petites bougies. Les assistants font entendre sans cesse le cri de *Ah! Allah!* et telle est la patience avec laquelle ils se complaisent et s'attardent dans tous les détails de la cérémonie, que, malgré mes résolutions les plus énergiques, ils ont toujours fini par lasser ma curiosité bien avant d'arriver au terme. Les Arabes ont une façon de s'amuser qui ferait périr d'ennui l'Européen le plus flegmatique.

V

LA CITADELLE ET LES MOSQUÉES — LES DERVICHES HURLEURS

Maintenant que nous avons flâné au hasard à travers
le Caire, il est temps d'en aller voir les curiosités princi-
pales.

Avant tout, grimpons à la citadelle. Elle est perchée
sur le mont Mokhattam, qui domine la ville à l'orient, et
dans son enceinte elle renferme de quoi occuper et satis-
faire pendant tout un jour la curiosité la plus exigeante.
Commencée par un vizir du sultan Saladin, Boya-ed-Din,
surnommé Karakouch ou l'Oiseau noir, elle a été cons-
truite avec les pierres des petites pyramides qui entou-
raient les colosses de Gizeh.

Par les rues étroites et montantes, mon âne m'emporte
sans ralentir son trot effréné, filant comme une flèche à
travers les obstacles, se glissant entre les chameaux, tantôt m'écrasant la cuisse contre les murailles des masures,
tantôt me frottant la joue et exposant mon chapeau aux

contacts les plus désagréables avec les charges de cannes à sucre ou de paille de maïs qui cheminent majestueusement sur les *vaisseaux du désert*. Une grêle de coups de poing et de parapluie tombent sur cet animal têtu dans les passes les plus difficiles ; il ne s'en émeut pas et va toujours devant lui, serré de près par Abdallah, qui ne cesse de lui piquer le derrière avec un bâton pointu, en poussant cet *Ah!* plaintif, d'un accent étrange, qu'on n'oublie jamais dès qu'on l'a une fois entendu.

Négligeant la fabrique d'armes, la fonderie de canons, l'imprimerie, l'hôtel des monnaies, je demande néanmoins à mon guide de me faire visiter un des ministères groupés autour du palais du khédive. Il me conduit au ministère de l'intérieur. L'entrée en est de l'apparence la plus mesquine et de la plus ignoble saleté. Il semble que ni le balai ni le torchon ne se soient posés là depuis plusieurs mois au moins, peut-être depuis plusieurs années. Mais, au moment où l'on se demande si l'on n'entre pas dans un coupe-gorge, un bel escalier se présente, qui conduit à une grande salle d'attente, ornée de riches divans sur laquelle s'ouvre le cabinet du ministre ; ce cabinet est décoré à l'européenne, non toutefois sans un certain mélange de couleur locale qui produit un effet assez disparate, et avec un luxe oriental que dépare çà et là l'éclat criard et fragile d'une élégance de bazar. Un va-et-vient continuel d'Arabes en longues robes de couleurs claires et en turbans, d'employés en tuniques noires fermées sur la poitrine et en tarbouchs à toques, sous lesquels passe le bord de la calotte blanche, de solliciteurs,

de gens de service portant sur des plateaux le café et les
sirops et tenant en main de longues pipes avec un charbon allumé délicatement posé sur le tabac, circulent
dans l'escalier et dans l'antichambre. A l'un des angles
de la pièce, un personnage est gravement accroupi sur
les talons, et un autre, tout de son long étendu sur le
divan, s'est endormi dans les délices du kief.

En traversant la cour, j'aperçois auprès d'une fontaine
des soldats bronzés, entièrement nus, qui se lavent à
grande eau. On me conduit au *Saut du mameluk*. C'est
une terrasse à pic, haute de soixante pieds, de laquelle
on jouit d'une vue merveilleuse sur le grand Caire, ses
dômes, sa forêt de grêles et sveltes minarets, dont les
couleurs vives étincellent sous la chaude caresse du soleil.
Le Nil roule ses flots d'ocre pâle piqués d'étincelles d'or,
enserrant dans ses bras des îles verdoyantes et fleuris-
santes d'où se détache quelque blanche villa. Sur la
gauche, le vieux Caire, l'aqueduc du sultan Taloum pro-
filant ses hautes arcades et les tombeaux des califes ;
en face, le port de Boulak et sa flottille de bateaux.
Le grand fleuve, le sable, la terre, la verdure, les montagnes, le ciel éclatant, forment un admirable tableau aux
teintes vigoureusement tranchées, comme tous les pay-
sages égyptiens. Au fond, du côté du désert, l'œil croit
distinguer d'immenses nappes d'eau : ce sont les champs
de sable transformés par le mirage. On s'oublierait à
rêver, mais la chaleur est ardente, et nous avons beaucoup
à voir.

Le nom de cette terrasse rappelle une aventure qui res-

semble à une légende fabuleuse et qui est pourtant un
fait historique. On sait quel moyen, digne d'un despote
oriental, avait imaginé Méhémet-Ali pour se débarrasser
des turbulents mameluks, au moment où il allait com-
battre les sectaires wahabis qui s'étaient emparés des
villes saintes. Il les invita à une grande fête militaire donnée dans la citadelle en l'honneur de son fils aîné Tous-
soum-Pacha, les reçut avec magnificence et combla les
chefs de démonstrations d'amitié. Après la fête, tandis
qu'ils défilaient dans un ravin escarpé, les Arnautes qui
les précédaient se retournèrent, et, avec l'aide des soldats embusqués derrière les murailles de la citadelle, les
massacrèrent à bout portant. Horace Vernet a fait de ce
carnage, où périrent cinq cents mameluks, le sujet d'un
tableau dont la mise en scène est malheureusement toute
de fantaisie. Quelques-uns seulement échappèrent. L'un
d'eux lança son cheval au galop, et, serré de près par
les meurtriers, n'hésita pas à lui faire franchir d'un
bond le parapet de la terrasse. Le cheval fut tué du coup,
mais les mameluks avaient la vie plus solidement che-
villée au corps que leurs chevaux : le sauteur fut ramassé
tout meurtri par des Arabes, qui le cachèrent et favori-
sèrent sa fuite. On le reprit quelques jours après, et il ne
fut pas plus épargné que ses compagnons.

Une des curiosités de la citadelle est le puits de Joseph.
A ce nom l'imagination s'égare vers les lointains souve-
nirs du fils de Jacob. Mais il en faut rabattre. Le puits de
Joseph a été creusé par Saladin dans le roc, pour amener
l'eau du Nil à son palais, dont il ne reste plus aujour-

d'hui que des fûts et des tronçons de colonnes couchés
par terre. Le nom qu'il porte est celui même de Saladin,
qui s'appelait *Yousouf* et qui fut surnommé *Salah-ed-Din*
(salut de la religion); mais il semble qu'il se soit fait une
certaine confusion, dans l'esprit des indigènes comme de
beaucoup de voyageurs, entre le fameux sultan, héros de
l'islamisme, et le patriarche dont l'histoire merveilleuse
est restée populaire en Orient. Pendant dix minutes on
descend, par un escalier tournant de trois cents degrés,
taillé également dans le rocher, jusqu'à une profondeur
de deux cent quatre-vingts pieds. Un bruit monotone et
criard monte jusqu'à vous, et par les ouvertures vous
apercevez, tout au fond de l'abîme, le *sakieh* avec sa
guirlande de pots de terre et sa grande roue que tournent
pesamment des buffles et des chevaux.

Ce que je tenais à voir surtout dans la citadelle, c'était
la mosquée de Méhémet-Ali. Personne n'ignore que ce
serait une profanation, un sacrilège d'entrer dans une
mosquée avec ses chaussures. Du reste, le premier soin
d'un inférieur, d'un domestique, d'un bas employé qui
pénètre chez un grand personnage, est d'ôter ses *souliers*,
ce qui explique en grande partie la forme de la babouche,
qu'on peut prendre ou laisser sans effort. A plus forte
raison les chaussures sont-elles interdites dans la maison d'Allah. Mais il est avec le ciel des accommode-
ments. Comme peu d'Européens sans doute se résigne-
raient à laisser leurs bottines à la porte, on a imaginé de
leur présenter de vastes chaussons de paille dans lesquels
ils plongent leurs pieds, ou même de les entortiller dans

Massacre des mameluks.

des chiffons qui empêchent le contact du cuir avec le pavé saint. De la sorte, les apparences sont sauvées. Mais prenez bien garde que votre pied ne s'échappe par hasard du bateau où il flotte trop à l'aise, ou que les linges ne se débandent : cet événement produirait une émotion extraordinaire sur les fidèles présents.

Pendant l'expédition d'Égypte, malgré la respectueuse terreur qu'inspiraient les Français, le savant Jomard faillit être jeté dans la fontaine de la mosquée d'El-Goury pour avoir oublié d'enlever ses bottes en y pénétrant.

Je plongeai donc mes pieds dans deux bateaux en paille tressée, et m'acheminai d'un pas pesant vers la mosquée proprement dite, à travers une magnifique cour tout en marbre blanc, décorée d'élégantes colonnes, et au milieu de laquelle de pieux musulmans procédaient aux ablutions réglementaires en se plongeant les bras et la tête dans le bassin d'une fontaine d'albâtre. Au fond un campanile abrite l'horloge, chef-d'œuvre de l'art, donnée à Méhémet-Ali par Louis-Philippe. La mosquée est d'une hardiesse de conception et surtout d'une richesse d'ornementation étonnantes. La grande coupole centrale, que décorent des dessins d'une brillante couleur, est entourée d'autres coupoles plus petites. Une sensation d'éblouissement vous saisit dès l'entrée. Les colonnes, les murs, les dalles sont d'albâtre ; des milliers de lustres, des myriades de lampes suspendues à des cordons de soie, formant des guirlandes et des couronnes, doivent, lorsqu'on les allume, inonder le temple d'une lueur féerique. Des tapis de Smyrne sont étendus partout. Méhémet-Ali dort son dernier sommeil dans un tombeau recouvert d'étoffes brodées d'or, que l'on change chaque année, et que domine d'une façon assez bizarre un mannequin coiffé d'un tarbouch, au milieu d'une sorte de chapelle isolée par une grille à la hauteur d'appui. Une lumière douce, qui pénètre par les vitraux de couleur, jette sur tout ce luxe son éclat voilé. Mais, lorsqu'on y regarde de près, certains détails mesquins déparent un peu ce riche ensemble. Le grand lustre a quelque chose de grêle; certaines colonnes sont en bois imitant le marbre ou l'albâtre; en vous promenant à travers l'édifice, vous découvrez une porte ignoble, une vraie porte de grange. Les Arabes n'achèvent rien, et ils recherchent plus l'éclat que la solidité. Mais il paraît que c'est Abbas-Pacha qui a volé les colonnes d'albâtre et y a fait substituer du bois peint.

Au pied de la citadelle, près de la place de Roumelieh, où grouille une fourmilière de petits marchands nomades, s'élance le svelte minaret de la mosquée du sultan Hassan, la plus ancienne, une des plus admirables et des plus délabrées du Caire. Ce n'est pas sans une certaine hésitation qu'on s'engage sur l'escalier latéral à demi ruiné, qui aboutit à un beau portail ouvert dans toute la hauteur de l'édifice et à un péristyle ample, mais mal tenu et en mauvais état. Les monceaux de décombres qui s'entassent à ses abords donnent l'idée d'un incendie, d'un bombardement, d'un tremblement de terre. Rien de plus fréquent, d'ailleurs, qu'un pareil spectacle au Caire, où nous avons

Mosquée du sultan Hassan au Caire.

vu souvent des maisons habitées dont le premier étage n'était plus qu'un éboulement informe. Deux fontaines ornent la cour, de proportions monumentales, pavée de marbre, et dont la grande coupole centrale repose sur des colonnes formant une suite d'arcades aux magnifiques ogives. Le sanctuaire s'ouvre en face de vous, avec sa splendide porte de bronze recouverte d'une mosaïque de boutons et de clous dont la couleur même se dérobe au regard, tant ils sont sales; mais à la surface desquels on voit apparaître des filigranes et des incrustations d'or merveilleuses, pour peu qu'on les frotte avec énergie et surtout si on les lave au jus de citron. Il n'est pas moins remarquable par sa majestueuse architecture; mais le dôme, à l'élancement hardi, commence à s'effondrer et laisse passer le jour; les versets du Coran, tracés sur les murs en lettres colossales, ont aux trois quarts disparu; les nattes même sur lesquelles s'accroupissent les croyants feraient honte à un hôtel garni; les lanternes de bronze, suspendues à des chaînes de même métal, contemporaines de Hassan, n'ont pas été nettoyées depuis cinquante ans pour le moins; les moulures, les ornements du plus délicat travail, sont envahis par la moisissure et tombent en ruines. Nulle part peut-être la déplorable incurie de l'administration égyptienne n'apparaît sous un aspect plus désastreux.

Au centre, derrière un grillage, Hassan repose depuis plus de cinq siècles dans son tombeau tourné vers la Mecque, ayant à ses pieds un exemplaire du Coran copié tout entier de sa propre main. Un tas de pierres indique l'emplacement où gît, à côté de lui, le corps de son fils. On voit encore sur le pavé les traces sanglantes qu'y laissèrent les révoltés du Caire, acculés et canonnés par Kléber dans la journée du 22 octobre 1798. Hassan doit bien souffrir au fond de sa tombe s'il s'aperçoit de l'état d'abandon dans lequel on laisse ce chef-d'œuvre, bâti avec des blocs de pierre arrachés aux pyramides, qui coûta vingt mille drachmes par jour pendant trois ans, et dont il fut si charmé que, voulant empêcher l'architecte d'en construire un autre semblable, il lui fit couper la main par un procédé d'une couleur tout à fait orientale.

D'autres mosquées, presque aussi magnifiques, se trouvent dans un état de délabrement non moins lamentable. Telles sont, aux deux extrémités opposées de la ville, les mosquées d'El-Hakem et de Touloum. La première, bâtie par l'illuminé féroce et obscène dont elle porte le nom, est tout à fait en ruines. L'immense cour n'offre plus guère aux regards que l'aspect d'un amas de décombres, où restent debout quelques pans de murs, quelques piliers dénudés qui laissent voir leurs briques. Le sanctuaire, qui s'effondre, est généralement désert; cependant quelques fidèles du quartier y viennent encore prier. Ce qu'il en subsiste de plus curieux, ce sont les deux minarets de forme bizarre, vastes encensoirs de pierre qui laissaient échapper, par les ouvertures de leur calotte, la fumée odorante des parfums que le calife adoré par les Druses faisait brûler au-dessous, dans l'édifice sacré et massif sur lequel chacun d'eux s'appuie. Comme

Néron, Hakem était un artiste; il avait les rêves et les caprices d'un Héliogabale Fatimite; il ensanglantait la ville, mais il la parfumait. Les plus sombres despotes ont souvent de ces fantaisies poétiques, où se décharge le besoin de sensibilité de leur âme.

La mosquée de Touloum se dérobe au milieu dès plus sales ruelles, au fond d'un quartier sombre et infect, dont les habitants, il y a peu d'années encore, étaient renommés pour leur fanatisme presque féroce, et son premier aspect est parfaitement en harmonie avec ce cadre misérable. Mais, dès que la porte vermoulue s'est ouverte, l'œil plonge avec admiration dans une immense cour, avec fontaine colossale surmontée d'un dôme, et tout autour une large galerie soutenue par des piliers massifs qu'ornent de légères colonnettes et où s'ouvre, à la partie supérieure, une élégante fenêtre semi-ogivale. Un grand minaret délabré et décapité s'élève au fond. Entrons dans le sanctuaire, nous y trouverons de beaux restes, mais rien que des restes. La mosquée de Touloum est la plus ancienne du Caire. Le sultan de ce nom la fit construire avec un trésor qu'il avait trouvé, dit-on, dans les ruines des anciennes villes égyptiennes, par un renégat qui reçut l'ordre de dépasser tout ce qu'on avait vu de plus beau jusqu'alors, et qui sut y unir la noble simplicité de l'ensemble à l'exquise perfection des détails. Les voûtes sont en bois de sycomore incorruptible; le pavé est en mosaïque. On éleva au milieu de l'enceinte un pavillon dont le dôme reposait sur dix colonnes de marbre entourées de seize autres. On inscrivit le Coran tout entier en caractères koufites, aujourd'hui pour la plupart effacés par le temps, sur la frise qui fait le tour du monument. Comme si ce n'eût pas été assez de l'injure de dix siècles et de l'incurie du gouvernement pour détruire ce bel édifice, on en a fait une maison de refuge pour les pauvres, qui remplissent ses galeries et ses dépendances, qui accélèrent sa ruine et dont la malpropreté sordide s'ajoute à la sienne.

On compte plus de quatre cents mosquées au Caire. Beaucoup sont zébrées au dehors de bandes alternativement coloriées de blanc, de rouge ou de bleu. Ce bariolage, d'un effet criard et vulgaire, recouvre aussi les propriétés des mosquées, également fort nombreuses. C'est pour faire honneur aux illustres visiteurs du Caire, lors de l'inauguration du canal de Suez, et tout particulièrement à l'impératrice, qu'on a infligé aux mosquées cet affreux badigeonnage. De zélés croyants mettent leur gloire à enrichir les temples de l'Islam. Il arrive souvent qu'un père de famille qui craint les dissipations d'un fils prodigue lègue son bien à une mosquée, en réservant l'usufruit à ses descendants tant que la famille ne sera pas éteinte : il n'est permis alors de rien aliéner du fonds. Dans chaque mosquée, indépendamment des petites chaires qui servent à la lecture du Coran, il y a la haute chaire (*mimbar*), où, les vendredis, l'iman vient prêcher aux fidèles, et à côté une niche (*mihrab*) désigne la direction de la Mecque. C'est devant cette niche que les croyants se prosternent, se relèvent, s'inclinent les bras levés, s'étendent sur le sol, se livrent aux graves évolutions et prennent les attitudes recueillies que Gérôme a si bien rendues dans ses tableaux. En passant près du tombeau du sultan qui a donné son nom à la mosquée, ils touchent le grillage et prient. En sa qualité de commandeur des croyants, le sultan est un objet de vénération. D'autres se tiennent accroupis sur des nattes, d'autres encore étendus dans le vestibule : leur prière achevée, ils dorment ou se livrent tranquillement à des perquisitions intimes sur leur propre corps.

Aux environs de la mosquée s'élèvent de nombreuses fontaines, sous la forme de petits monuments, avec fenêtres aux treillages dorés. Ismaïl en a fait construire beaucoup. On en doit une très belle à la mère de Nubar-Pacha, dans le voisinage de la gare. Ce sont presque toutes des fondations pieuses. Au seuil du désert, l'eau est un trésor, et une idée providentielle s'y attache comme aux débordements du Nil.

Une trentaine de mosquées au moins exigent la visite attentive du voyageur. Je me garderai bien toutefois de vous conduire dans chacune d'elles, afin d'éviter des répétitions fastidieuses, car la plupart se ressemblent plus ou moins dans leur magnificence, et il faudrait d'ailleurs, pour les bien décrire, le style à la fois précis et coloré d'un Théophile Gauthier. Il suffira de citer encore, parmi celles dont j'ai gardé le meilleur souvenir, dans l'enceinte même de la ville, la mosquée du sultan Kalaoum, avec son haut et très élégant minaret, ses longs murs tout rayés et quadrillés de brun ou de rouge et la pension de petites filles pauvres qui y est annexée ; la mosquée Hossaneyn, de grandeur médiocre, mais très richement ornée, renfermant les tombeaux de plusieurs descendants du Prophète et qui, par une exception trop rare, vient d'être restaurée soigneusement parce qu'elle est la mosquée populaire par excellence et que la fête de Hossan et de Hassan, les deux fils d'Ali, est une des plus grandes fêtes du Caire; enfin les mosquées d'El-Moyed et d'El-Azhar, où il convient de s'arrêter un peu plus longtemps.

La première s'élève près du bazar aux épices, à quelques pas d'une arche colossale qui enjambe la rue et s'appuie sur des échoppes, dont le prix de loyer sert à son entretien. Trois minarets la surmontent. Sa haute façade, qu'exhausse encore un escalier d'une vingtaine de marches, livre passage par une porte d'un bel aspect architectural, qui dépasse l'élévation du monument. La grande cour, avec l'inévitable fontaine, est décorée d'inscriptions arabes et entourée d'un portique double sur les côtés et quadruple du côté qui touche au sanctuaire. Celui-ci est pavé et revêtu de marbre jusqu'à hauteur d'appui. Les plafonds, divisés en caissons que décorent des moulures peintes ou dorées, reposent sur des colonnes de marbre tirées des ruines de Memphis ou d'Héliopolis. Partout pendent des tentures ou se déroulent des tapis d'un merveilleux travail. Partout des pierres précieuses étincellent, unies à l'or et à l'argent. Il est des mosquées d'un plus grand style; il n'en est guère de plus richement décorées.

La mosquée d'El-Azhar est toute une petite ville. Le nom de mosquée, on l'a déjà vu, ne s'applique pas seulement au temple, il s'applique aussi à ses dépendances, à toutes les

Restaurant arabe au Caire.

constructions dont le temple proprement dit, — le tombeau, — est la partie essentielle, mais qui comprennent en outre la cour des ablutions, et souvent des écoles, des asiles, des hôpitaux, des logements divers. El-Azhar, la mosquée sainte entre toutes, est le type le plus complet du vaste ensemble auquel peut s'appliquer ce terme. C'est le collège sacré où l'on vient de tous les points du monde musulman pour étudier la jurisprudence et la théologie de l'islam. Chaque nation y possède ses logements et sa bibliothèque, à l'usage des étudiants qu'elle envoie à cette grande université du mahométisme. On y enseigne le *trivium* et le *quadrivium* dans des cours publics et gratuits. Des fondations pieuses permettent de loger et de nourrir dans l'intérieur de la mosquée environ trois cents étudiants aveugles. Il a fallu, pour répondre aux nécessités diverses de l'enseignement et de l'installation, compliquer le plan primitif par une foule de constructions accessoires où l'on a peine à se reconnaître.

Ce sanctuaire de l'islamisme n'est pas d'un accès facile aux étrangers. Un firman du consulat m'en ouvrit la porte; mais les gardiens ne me livrèrent passage qu'en rechignant, après examen vigilant du papier, et non sans avoir échangé entre eux avec animation des propos dont, à défaut des termes, il me semblait · comprendre parfaitement le sens.

Dans la cour immense, aux murs bizarrement dentelés, des dévots musulmans se livraient avec zèle aux ablutions. Sous les portiques soutenus par près de quatre cents colonnes de granit, de marbre et de porphyre, allait et venait toute une population d'étudiants. Beaucoup d'autres, accroupis ou agenouillés, répétaient leurs leçons à haute voix, sur un ton monotone et nasillard et avec un balancement du corps qui scandait chaque phrase. Ce mouvement machinal et rythmé, familier aux Arabes et qui accompagne toujours, même chez les enfants des écoles, les exercices analogues, semble avoir pour but de favoriser l'effort de la mémoire. Un grand bourdonnement confus s'élevait de toutes parts. Aucun ne leva la tête sur mon passage ; mais, dans le sanctuaire, un croyant qui aperçut tout à coup le chapeau rond et le paletot du *giaour* eut un soubresaut : il s'approcha et échangea quelques mots avec mon guide ; d'autres se joignirent à lui, bientôt je fus entouré d'une douzaine d'Arabes, parmi lesquels il était facile de reconnaitre deux ou trois aveugles dont les paroles irritées, avec les sons rauques et les rudes aspirations de la langue indigène, ressemblaient à des aboiements. Un autre accourut et se mit à les écarter rudement en criant plus fort qu'eux. Mon guide ramassa, par un effort suprême, tout ce qu'il savait de français : « Viens! » dit-il en me prenant par le bras. Il m'entraîna très vite à travers le sanctuaire, dont j'eus à peine le temps de remarquer les vastes proportions et le nombre prodigieux de lampes. Le personnage qui était intervenu nous suivait à cinq ou six pas sur la droite, un peu en arrière, tenant une courbache à la main. C'était, j'imagine, pour me protéger contre la possibilité d'un retour offensif ; mais j'avoue que j'eus un léger frisson quand je le vis se précipiter vers moi en vociférant, parce que le linge dont on avait enveloppé mon pied droit s'était défait à demi. La mosquée d'El-Azhar est la seule, du reste, où je me sois heurté à un sentiment hostile ; partout ailleurs j'ai pu circuler tranquillement, sans lire aucune malveillance dans les regards ni dans l'attitude de personne, et même en recueillant des marques de bienveillance. Le gouvernement du vice-roi est trop *civilisé* et son entourage trop européen pour qu'il en puisse être autrement. Ces deux éléments vivent côte à côte et se juxtaposent sans se pénétrer.

C'est dans le voisinage de la mosquée d'El-Azhar que j'ai assisté aux exercices des derviches hurleurs, dont j'avais eu déjà une sorte d'avant-goût sous mes fenêtres dès le soir de mon arrivée au Caire, comme je l'ai raconté plus haut. Ils se pratiquent dans une cour découverte que dominent des balcons, où nous trouvâmes un certain nombre de voyageurs des divers pays de l'Europe. On a peine à concilier avec le violent fanatisme qui seul peut expliquer de pareils usages cette part volontairement faite à la curiosité très profane des infidèles.

Lorsque j'arrivai, la prière préparatoire était finie et cet étrange exercice de dévotion venait de commencer. Aux derviches étaient mêlés un assez grand nombre de croyants appartenant aux classes les plus diverses de la société : il y avait un cavas, un cocher, deux nègres, un personnage en tunique noire et en tarbouch qui ressemblait à un bey, divers enfants de douze à quatorze ans. Ils étaient une quarantaine en tout, formant un demi-cercle. Auprès d'eux s'élevaient en tas leurs babouches et leurs turbans.

Une musique douce et lente de *sagatis* et de tambourins, les uns sur lesquels on frappe à coups de maillet, les autres qui résonnent sous la main seulement, se fait entendre dans un coin de la cour, parfois accompagnée d'un chant très décousu. Au centre, le chef des derviches marque la mesure en frappant dans ses mains et en la scandant avec son corps, qu'il tourne successivement vers tous les points du demi-cercle. L'action est déjà dans son plein. Les quarante têtes se balancent d'un mouvement monotone et saccadé qui va s'accélérant de plus en plus avec la musique. Elles se jettent en avant, se redressent en poussant un cri rauque et sourd qui fait frissonner comme celui d'une bête fauve. De temps à autre la cadence change ; elle se ralentit, puis se précipite, et les quarante corps la traduisent toujours par leurs oscillations monotones. Sur un signal du supérieur, l'orchestre se tait quelques secondes et reprend tout à coup, plus vif et plus strident. Alors les croyants s'animent, les pieds frappent la terre, les têtes s'abaissent jusqu'à la ceinture sous les longs cheveux qui voltigent comme des crinières ; les cris deviennent plus âpres et plus rauques : c'est comme le reniflement redoutable et le rugissement d'un lion. Trois ou quatre reprises pareilles finissent par amener les contorsions à leur paroxysme. Les figures se contractent, les teints sont envahis par une pâleur livide ou s'injectent de sang, les fronts ruissellent, les yeux sortent de leurs orbites, les bouches s'ouvrent et se ferment, grimacent et se déforment, pareilles à des rictus d'animaux féroces. Cette fois les têtes vont battre les genoux, d'un mouvement spasmodique et convulsif dont elles ne semblent plus maîtresses; ce mouvement a quelque chose d'inerte dans sa frénésie : on dirait qu'elles ballottent dans le vide, qu'elles ne tiennent plus aux épaules que par un fil et qu'elles vont tomber. Le supérieur des derviches bat toujours la mesure en frappant dans ses mains, en esquissant chaque oscillation, en encourageant du regard chacun des croyants vers qui il se tourne; et, sous l'impitoyable impulsion de ce chef d'orchestre, la scène arrive à une intensité de folie furieuse qui dépasse de beaucoup tout ce qu'on a pu voir, aux moments de crise, dans les sections des agités, à Bedlam ou à Charenton.

Une écume sanguinolente s'amasse sur les lèvres du nègre ; l'homme au tarbouch ressemble à un cadavre emporté par une secousse galvanique. Aucun n'a plus conscience ni des mouvements qu'il fait, ni des cris qu'il jette avec une régularité automatique. Tout à coup le cavas se renverse en arrière, évanoui. Ses voisins le prennent par le bras et le soutiennent; il recommence, entraîné par eux. La tête lui branle à droite et à gauche; son cri devient effrayant; ses mouvements n'ont plus rien d'humain. Un derviche s'approche de lui et lui enlève son habit, qu'il jette lui-même au loin d'un geste d'halluciné; on voit alors apparaître tout le haut de son corps inondé de sueur. Mais la tête ballotte de plus en plus, les genoux fléchissent, le corps penche en avant. Deux minutes après, il roule à terre. On l'étend sur une natte, où il demeure immobile. Les autres continuent sans s'occuper de lui. Ont-ils seulement vu sa chute ?

Les voix s'éteignent; les bouches n'ont plus ni souffle ni salive; les corps ne tiennent plus debout. La musique se tait, et sur un dernier *ouh-ouh-ouh*, plus rauque et plus prolongé, les convulsionnaires s'arrêtent. Mais l'homme au tarbouch, lancé comme le balancier d'une horloge, continue à jeter sa tête en avant et à la relever en arrière; c'est à grand'peine que ses voisins, le maintenant serré dans leurs bras, parviennent à lui faire reprendre l'immobilité. On emporte le cavas. Les autres remettent leurs turbans; ils semblent échanger des félicitations, quelques-uns s'embrassent; un fou difforme, vénéré comme un saint, que j'ai rencontré plusieurs fois dans le khan Khalid, respectueusement suivi par la foule, souffle dans une grande trompe, et nous sortons étourdis, pris de vertige, heureux d'échapper par la fuite à la contagion de cette folie sauvage.

Les pratiques des derviches hurleurs sont fort antiques, comme on peut le voir dans Hammer et d'Herbelot. On serait presque tenté de les considérer comme un reste et une transformation des vieilles cérémonies orgiaques de l'Orient. Peut-être, dit Gérard de Nerval, à qui les derviches hurleurs inspirèrent une curiosité profonde, peut-être était-ce ainsi que les anciens prêtres de l'Égypte célébraient les mystères d'Osiris retrouvé ou perdu. Ces derviches, dit-il encore, représentent la tradition non interrompue des cabires, des dactyles et des corybantes, qui ont dansé et hurlé durant tant de siècles sur le même rivage.

VI

Le Caire a sa banlieue comme Paris, et les buts d'excursions n'y manquent pas. Commençons par les plus proches.

L'avenue de Choubrah touche à la ville, où elle répond à ce qui fut jadis chez nous le Cours-la-Reine, à ce qu'est aujourd'hui le bois de Boulogne et le tour du lac. Elle est bordée de palais, de sycomores, d'ébéniers et d'acacias gigantesques, bien qu'âgés à peine de trente à quarante ans, dont les branches se rejoignent en dôme et ferment le passage aux rayons du soleil; on y a vue à gauche sur le Nil et sur les pyramides. Mais qu'est-ce que tout cela pour les habitués qui s'y rencontrent comme dans un salon? Il faut absolument se montrer à Choubrah vers cinq heures du soir. Que de beau monde! Voici M. le consul de Russie, M. le chancelier du consulat de France, M. X..., escamoteur et favori du vice-roi. Celui-ci est un ingénieur, celui-là un directeur de ballets, cet autre le rédacteur en chef d'un journal du Caire. Aux calèches découvertes où s'étalent les fonctionnaires habillés à la franque, se mêlent de bruyantes cavalcades d'officiers. Ah! voici ces dames du théâtre! On se sourit, on se salue de la main, on se conte à l'oreille la petite nouvelle du jour et celle du lendemain. C'est charmant, et cela vous reporte pendant quelques minutes sur les bords fleuris de la Seine.

L'avenue, qui se prolonge pendant plus d'une lieue, aboutit à un palais dont j'ai visité le parc, une des merveilles de ce pays où la verdure est si rare. Les massifs de citronniers s'encadrent dans les haies de géraniums, et le parfum des roses s'y mêle à celui des orangers. Le divan carré, tout en marbre blanc, qui s'élève dans le parc, avec sa colonnade laissant apercevoir des masses de verdure sur lesquelles le soleil verse une éblouissante lumière, et des barques dorées sommeillant sur l'eau; ses volières retentissant d'un joyeux ramage, son plafond décoré de caissons peints et d'arabesques bizarres, ses petits salons de repos, aux éclatantes draperies d'or et de soie, ses canapés invitant à la sieste, et, au centre, le grand bassin d'une éblouissante blancheur, font rêver des *Mille et une Nuits*. Ce bassin, d'un style plus italien qu'oriental, revêtu d'albâtre, alimenté par des lions de marbre blanc dont les gueules débonnaires y versent sans cesse un filet d'eau transparente, et qui semble emprunté aux jardins d'Armide, sert aux ébats aquatiques des dames du harem.

Une autre excursion un peu plus longue et d'un plus vif intérêt est celle qui conduit aux tombeaux des califes. On sort de la ville par la porte Bab-el-Nasr (de la conquête), un bijou colossal dont les deux grosses tours carrées, les riches sculptures et les proportions élégantes font un des monuments du Caire. Des soldats d'opéra-comique, à mine farouche, à moustaches tombantes, portant à leur ceinture tout un arsenal d'armes et de pistolets aux crosses richement ciselées, s'appuient contre l'arcade comme des bas-reliefs.

On aperçoit l'enceinte ruinée de la ville, la ligne de petits rochers ou dunes qui l'enserrent, le cimetière musulman qui borde tout le côté oriental, prolongeant à perte de vue ses tas de pierres, en forme de masures ou de cippes, couronnés d'un turban dont la forme désigne le rang du défunt. Là reposent d'innombrables générations de morts, tous le visage tourné vers la Mecque. Les tombeaux, improprement appelés tombeaux des califes, apparaissent de loin comme une vision fantastique, — véritable ville funèbre, nécropole du désert où dorment les sultans mameluks de la fin du xive siècle à la conquête de Sélim, en 1517, qui transmit aux sultans de Constantinople, avec la souveraineté de l'Égypte, le titre d'Iman et l'étendard du Prophète.

Les tombeaux des califes passent, avec l'Alhambra de Grenade, pour les produits les plus achevés, les plus exquis de l'architecture sarrasine. Ce ne sont pas de simples tombeaux, dans le sens où nous entendons ce mot; suivant l'usage oriental, ils sont, au moins pour la plupart, accompagnés de mosquées. Parmi les plus belles, il convient de signaler celle de Tastouchi, celle d'Ascraf, pavée en mosaïque de marbre, avec ses deux salles, dont la seconde, plus élevée que la première et surmontée d'une belle coupole, renferme le tombeau; surtout celle du sultan Barkouk, immense rotonde couronnée d'une voûte hardie, avec une porte d'entrée que surmonten des galeries du plus bel effet, une chaire d'un travail exquis et d'un goût charmant, des escaliers de marbre, d'admirables colonnes de porphyre, et une foule de détails caractéristiques qui pourraient occuper un examen de plusieurs heures et que je n'ose entreprendre de décrire. L'imagination la plus ardente est dépassée par ce décor féerique jeté dans une solitude sauvage qui en rehausse l'effet, par cet entassement de dômes, de coupoles oblongues au-dessus desquelles jaillissent les flèches élégantes des minarets surmontés du croissant. On dirait le rêve du plus magnifique et du plus illuminé des sultans, saisi au vol et fixé par les génies d'Aladin.

On sort aussi par la porte Bab-el-Nasr pour aller voir les ruines de l'Abbassieh et celles d'Héliopolis, que sépare les unes des autres un intervalle d'environ quatre mille ans. Abbas-Pacha avait voulu créer aux portes du Caire une ville portant son nom, qui éclipserait l'antique capitale de l'Égypte. La mort de l'extravagant despote interrompit son projet en cours d'exécution, et le désert, un moment violenté, fait chaque jour un pas de plus pour reconquérir son domaine. Il ne reste guère aujourd'hui de l'Abbassieh que le palais d'Abbas changé en caserne, et

Tombeaux des califes. — Citadelle du Caire.

quelques colombiers vermoulus où le petit-fils de Méhémet-Ali, qui cultivait la pastorale concurremment avec le mélodrame, allait distribuer lui-même la provende à ses pigeons, après avoir fait trancher la tête ou coudre les lèvres aux esclaves qui avaient eu le malheur de lui déplaire.

Les ruines d'Héliopolis consistent en un obélisque couché, — rien de plus. On ne saurait vraiment demander davantage aux restes d'une ville déjà détruite et abandonnée depuis longtemps quand elle fut visitée par Strabon. Mais cet obélisque a vu Moïse, et la femme du patriarche Joseph s'est peut-être assise à son ombre.

En rentrant au Caire, je me croisai avec un enterrement. D'abord s'avançaient trois par trois les prêtres musulmans, que rien ne distingue du commun des fidèles. Ils chantaient les versets du Coran. A quelques pas de distance, ils étaient suivis par d'autres, escortés d'enfants, qui chantaient de leur côté. Sur les épaules de six porteurs, le mort, lavé avec soin, et qui, enveloppé dans une étoffe blanche, avait été exposé d'abord à sa porte, reposait dans un cercueil recouvert d'un drap de couleur brillante. Derrière, une multitude de femmes poussaient des cris et des gémissements. Parmi elles se trouvaient, me dit-on, beaucoup de pleureuses payées. Cet usage n'a rien de musulman ; il est bien antérieur à Mahomet, et il paraît même qu'il est contraire aux prescriptions du Coran. L'immobilité de l'Égypte s'est ajoutée à celle de l'Orient. Ce pays, a dit lady Lucie Duff Gordon, est un palimpseste où la Bible est écrite par-dessus Hérodote, et le Coran par-dessus la Bible. A l'inverse de ce qui se fait chez nous, ce sont les femmes, parentes du défunt, qui suivent ses funérailles, et les hommes qui s'abstiennent. Je ne sais si ce renseignement, qui m'a été donné par un Égyptien, est exact; mais je sais que les femmes étaient fort nombreuses, quoique j'aie lu dans plusieurs récits de voyages qu'elles sont exclues des obsèques.

Un autre but d'excursion c'est le faubourg de Boulak, situé sur la rive droite du Nil, à vingt minutes de la ville. Toutes les barques qui remontent le fleuve s'arrêtent au port de Boulak. Ces bateaux de diverses couleurs, avec leurs voiles pittoresques disposées encore aujourd'hui comme au temps des Pharaons, offrent un coup d'œil ravissant. Tout fait tableau, d'ailleurs, et s'arrange à souhait pour le plaisir des yeux sous ce ciel d'un azur immuable. Les peintres et les dessinateurs qui figuraient, en 1869, parmi les invités à l'inauguration du canal de Suez, ne pouvaient faire un pas sans tirer leur album et l'enrichir d'un croquis. A l'entrée de Boulak, un ânier en robe de cotonnade bleue et en calotte blanche, arrêté au pied d'un palmier et causant avec une femme qui, le visage recouvert du *bourcouche* et du *kassabah*, se tient accroupie, le chasse-mouche en main, dans l'embrasure d'une large fenêtre, compose un tableau tout fait, qui eût ravi Tournemine. On a transféré à Boulak l'hôpital des fous, autrefois annexé à la mosquée du sultan Kalaoun. Les fous sont des personnages sacrés en Égypte; on les vénère à l'égal des descendants du Prophète, que désigne un turban vert, et plus encore peut-être que les pèlerins de la

Femme arabe au tombeau de son époux, au cimetière du Caire.

Mecque, dont les demeures sont signalées par un bariolage de couleurs voyantes. Ils figurent à un rang d'honneur dans les cérémonies religieuses, au *dosseh*, aux
exercices des derviches hurleurs. J'ai rencontré un soir,
dans les rues du Caire, un *saint*, qui devait être un fou,
se promenant sur un âne, la tête coiffée d'une lanterne;
derrière lui, un fou très authentique, la tête nue et la
barbe hirsute, sonnait à pleins poumons dans une trompette plus formidable que nos saxophones, et poussait
ensuite des vociférations rauques. Une grande foule les
suivait avec recueillement. J'en rencontrai un, au milieu
de Boulak, qui interpella mon ânier Abdallah, et que
celui-ci salua avec toutes les marques d'un profond respect.

Mais la grande curiosité de Boulak, c'est le musée d'antiquités égyptiennes organisé par Mariette-Bey, dont la
science pleure la perte récente. Un ami, élève du collège
de Boulogne quelques années avant la révolution de février,
m'a souvent raconté les humbles débuts du savant illustre
qu'il avait eu pour maître d'études et pour professeur de
grammaire dans cet établissement. Le jeune Mariette était
pauvre, et semblait devoir végéter toute sa vie dans les
bas emplois de l'Université. Il épousa de bonne heure
une femme qui n'était pas beaucoup plus riche que lui,
et que ses parents n'accordèrent pas sans peine au jeune
professeur élémentaire dont l'avenir paraissait devoir être
si borné. Mais le musée de Boulogne possédait une momie,
circonstance heureuse qui décida de sa vocation. Cette
momie, et quelques livres empruntés à la bibliothèque
de la ville, furent le point de départ de ses études égyp-

tologiques. Livré à ses propres forces, il parvint, par un travail opiniâtre et par ses aptitudes naturelles, à s'approprier peu à peu tous les secrets d'une science de date si récente, et l'on pourrait presque dire qu'il a déployé, pour s'initier aux découvertes de Champollion, une sagacité égale à celle de Champollion lui-même. Mariette n'est pas, d'ailleurs, le seul exemple de ce genre qu'on puisse citer dans les annales de l'égyptologie : M. Chabas, dont l'autorité ne le cède qu'à la sienne, n'est-il pas un marchand de vin de Chalon-sur-Saône, qui continue à mener de front son commerce et la culture approfondie des hiéroglyphes ?

Nous n'avons point à retracer la carrière de Mariette, à dire comment, attaché d'abord au musée égyptien du Louvre, puis chargé d'une mission scientifique dans le pays des Pharaons, il exécuta sur l'emplacement de l'ancienne Memphis des fouilles dont les résultats émurent le monde savant; ni comment le vice-roi prit le parti de se l'attacher en le nommant inspecteur général et conservateur des monuments de l'Égypte et en lui décernant le titre de bey. Le musée égytien comprend des milliers d'objets de tout genre, statues, bustes et bas-reliefs, sarcophages, stèles et inscriptions, tables d'offrandes, momies, vases, armes, meubles, outils, bijoux, que sais-je encore? découverts dans les fouilles du Sérapéum, des grandes pyramides, de Sân, d'Abydos, de Thèbes, d'Edfou, etc. : collection merveilleuse qui fait revivre la plus antique civilisation du monde, exhumée des sables où elle était ensevelie depuis tant de siècles. Je me suis promené pen-

dant six heures à travers cette évocation d'un passé de six
mille ans, guidé par un savant catalogue qui est comme
un résumé de la science égyptologique, regardant, — avec
la curiosité que pourrait avoir un contemporain des
Hycsos à parcourir nos boulevards, nos églises et nos
musées, — les statues d'Osiris assisté d'Horus et de sa
sœur Isis, de son frère ennemi le dieu Set, principe du
mal, de la monstrueuse Thouéris au corps d'hippopotame,
du dieu Thoth à tête d'ibis, de Phtah embryon, debout
sur deux crocodiles et le scarabée sur la tête, de la triade
thébaine, Ammon, Maut et Chons; la stèle de Karnak,
sur laquelle est gravé tout un poème en l'honneur de
Thoutmès III; la colossale statue de Chéphren, retirée
du fond d'un puits dans le temple du Sphinx; la belle
statue d'albâtre oriental de la reine Améniritis, fille du
roi Kaschta, femme de l'usurpateur Piankhi; la table de
Saqqarah, qui nous montre un prêtre de Memphis, le juste
Tounar-i, introduit après sa mort au séjour éternel dans
la société de cinquante-huit rois, dont les cartouches
donnent la liste; enfin les bijoux de la reine Aa-Hotep,
antérieurs de quatre à cinq siècles pour le moins au trésor du roi Priam, et qui le cèdent seulement à ceux du
musée du Louvre, découverts par Mariette en 1851 dans
la tombe inviolée d'un Apis où, en entrant, il trouva
marquées encore sur la couche de sable les empreintes
des ouvriers employés, trois mille sept cents ans aupara-
vant, à mettre le dieu dans son cercueil.

VII

LE VIEUX CAIRE — LA MOSQUÉE D'AMROU — LA GROTTE DE LA VIERGE
— LES PYRAMIDES — LA FORÊT PÉTRIFIÉE

Les excursions avaient été rendues difficiles par le dernier débordement du Nil. Les historiens et les géographes de l'antiquité ont regardé l'Égypte comme un présent du Nil. C'est lui qui l'a créée, c'est lui qui la fait vivre, et il suffirait pour la détruire d'en détourner le cours. On pourrait croire, chaque année, qu'il veut reprendre son présent en le recouvrant de ses eaux pendant plusieurs mois, tandis que ces inondations bienfaisantes du fleuve nourricier ne font que le féconder et l'enrichir. Cette fois, le débordement avait défoncé le chemin des Pyramides et emporté la voie ferrée de la moyenne Égypte jusqu'à Minieh. Il me fallut attendre presque à la veille de mon départ pour pouvoir faire l'excursion classique, qui est plus indispensable encore pour tout visiteur du Caire que celle du Vésuve ou de Pompéi pour les touristes à Naples.

Avec un compagnon français que j'avais trouvé à l'hôtel d'Orient, je montai dans une calèche délabrée dont les tentures flottaient au vent et dont les coussins rendaient leurs entrailles. Le saïs prit sa course en brandissant sa canne et en remplissant l'air de cris rauques, et les chevaux partirent au grand trot derrière lui jusqu'au vieux Caire, où il faut traverser le Nil. On suit d'abord une belle avenue plantée de sycomores, et, à mi-chemin, on passe devant un grand palais qui appartient à je ne sais quel prince ou quelle princesse de la famille du vice-roi. Çà et là, de vastes espaces sablonneux, sur lesquels plane l'épervier, et qui font songer au désert; puis, sans transition, tous les signes de la fertilité : des bois de palmiers, des champs de cannes à sucre, de roseaux, de cotonniers surtout, cette richesse du pays, qui, pendant la guerre de sécession américaine, versèrent une pluie d'or dans le tonneau percé du khédive, sans l'enrichir beaucoup plus que le fellah. On passe devant plusieurs fontaines couvertes, où le passant, après s'être désaltéré, peut prier au tombeau du saint qui les accompagne presque toujours; devant des dunes de sables et d'énormes monceaux de décombres. On traverse un village, où des Arabes dorment couchés aux portes de leurs maisons, où des marchandes se tiennent accroupies le long des murs, avec leur petite boutique sur le sol; et enfin on arrive au vieux Caire.

Longtemps le vieux Caire demeure en quelque sorte invisible : on y est, et, si l'on n'en était prévenu par le guide, on ne s'en apercevrait pas. Il a des parties isolées et de grands espaces vides; il se cache derrière des murs, dans lesquels s'ouvrent de petites portes qui donnent accès à des ruelles mystérieuses pareilles à des couloirs. C'est seulement au bord du Nil qu'on trouve la vie et le mouvement.

Mais arrêtons-nous d'abord quelques minutes pour aller voir la mosquée d'Amrou. C'est la plus ancienne de l'Égypte, fondée en l'an 20 de l'hégire par l'illustre capitaine, l'un des sept compagnons du Prophète, dont elle porte le nom et dont elle renferme les restes. Elle tombe en ruines. Sur les côtés de la vaste cour au milieu de laquelle s'élève la fontaine surmontée d'une petite coupole, s'étendent de doubles portiques; au fond, il y a jusqu'à six rangs d'arcades en plein cintre, tandis que les autres présentent le caractère ogival. Les colonnes sont des monolithes de porphyre, de granit et de cipolin, avec des chapiteaux d'un style très varié, les uns nus, les autres fouillés par le ciseau et couverts d'ornements.

Les vieux récits arabes ne tarissent pas sur les splendeurs de la *Couronne des mosquées*. Quinze cents lampes, suspendues entre les deux cent quarante-neuf colonnes, éclairaient l'armée de pauvres qui y cherchaient un abri et de pèlerins qui s'y livraient à la prière. De grands arbres ombrageaient la fontaine; l'enceinte était semée de verdoyants parterres. Sur les murs, comme sur ceux de la mosquée de Touloum, se lisait le Coran tout entier, gravé en lettres d'or. La galerie couverte à six rangs de colonnes qui forme le sanctuaire garde encore une belle chaire en bois d'un travail précieux, et dans l'angle

La mosquée d'Amrou.

gauche, au fond, derrière deux grillages, le tombeau d'Amrou, très vénéré par les fidèles. Les fenêtres sont béantes, les murs se lézardent : ici il ne reste que les piédestaux des colonnes et quelques tronçons couchés; là il n'en subsiste que la dernière moitié.

De la mosquée d'Amrou, par des ruelles étroites et biscornues, nous gagnons une petite église, sombre, délabrée, mal tenue, séparée en plusieurs parties par des treillis sculptés. Malgré de vieux bas-reliefs et des peintures sur bois enfumées, vermoulues, qu'on croirait, au premier aspect, contemporaines des solitaires de la Thébaïde, elle ne mériterait guère une visite si elle n'était bâtie sur une grotte où la légende affirme que la Vierge se reposa pendant la fuite en Égypte. Au centre de l'église, un escalier obscur, que protège une barrière en bois, descend dans l'intérieur de la grotte. Nous ne pûmes malheureusement y pénétrer : elle était encore à moitié remplie d'eau par suite de l'inondation du Nil; mais la pauvre vieille chapelle ne nous en parut pas moins illuminée par une lueur charmante qui s'échappait du trou noir.

La grotte de la Vierge n'est pas le seul souvenir de la fuite en Égypte qui subsiste autour du Caire. Un peu avant d'arriver aux ruines, ou plutôt à l'emplacement d'Héliopolis, on rencontre tout à coup une oasis délicieuse où les roses fleurissent au milieu des orangers et des citronniers. Des canaux y portent l'eau du Nil et y entretiennent une verdure et une fraicheur ravissantes. Là, dit-on, à l'ombre d'un énorme figuier-sycomore toujour debout après plus de dix-huit siècles, la Vierge s'assit pour goûter un moment de repos et pour laver, dans une mare que l'on montre encore, les langes de l'enfant divin. Son séjour a fertilisé le désert, et son souvenir demeure associé aux fleurs et aux parfums de cette oasis. Chaque visiteur emporte un morceau d'écorce ou un fragment de branche; mais, malgré les innombrables blessures dont il est couvert, l'arbre géant refleurit et reverdit avec une vigueur qui semble toujours nouvelle.

Revenons au vieux Caire. A mesure qu'on s'approche du Nil, l'animation s'accroit, comme nous l'avons dit. Une foule bigarrée circule en silence dans de petites ruelles couvertes, où notre calèche a peine à se frayer un passage. Nous descendons : le moment est venu de traverser le Nil. Cinquante bateliers nous appellent, se disputent bruyamment, s'arrachent presque nos personnes; cinquante âniers se ruent sur nous, au risque de nous précipiter dans le fleuve. Après une ample et vigoureuse distribution de coups de courbache, notre guide parvient, non sans peine, à nous dégager un peu de ce furieux assaut. Nous entrons dans un bac, avec les âniers et les baudets choisis, et vogue vers l'autre rive!

La traversée du Nil se fait à l'endroit le plus large, près la pointe de l'île de Rhodah. Elle est charmante cette île, véritable corbeille de verdure, oasis odorante, semée de maisons blanches, et d'où jaillissent des coupoles et des minarets. Nous nous sommes promenés avec enchantement dans le jardin du vice-roi, tout parfumé de roses, de jasmins, de vignes et de citronniers recourbés en berceaux et formant une barrière impénétrable aux rayons ardents du soleil. Ce palais abandonné appartenait jadis à la fille de Méhémet-Ali, veuve de Deftadar-Bey, la princesse Nuzley-Hanem, une Marguerite de Bourgogne orientale qui réalisait là, à un millier de lieues de la Seine, dans sa tour de Nesle des bords du Nil, les orgies sanglantes du drame d'Alexandre Dumas et de Frédéric Gaillardet. C'est également dans l'île de Rhodah que les derviches hurleurs donnaient jadis leurs séances publiques.

Après avoir suivi quelques allées, nous arrivons au nilomètre, ou, pour employer le nom local, — car on se doute bien que le système décimal n'avait point pénétré en Égypte au moment où cet appareil fut établi par les *ingénieurs* du calife Asmamoun, — au *mekyas*. Des pavillons et des terrasses on jouit d'une vue admirable sur le Nil, large comme un bras de mer, tout hérissé de petites vagues d'une magnifique couleur bistre qui eût fait la joie d'un peintre, tout sillonné de barques aux voiles hautes, pointues et inclinées. Le mekyas est un grand puits carré, dont le fond est de niveau avec le lit du fleuve, et qui renferme une colonne de marbre blanc graduée. Une ouverture souterraine fait communiquer le puits avec le Nil. A chaque débordement l'eau y pénètre, et la hauteur de l'inondation est mesurée par la colonne. Dix mètres marquent la mesure d'une bonne inondation : au-dessous, une partie du pays n'est pas fécondée; au-dessus, les campagnes de la basse Égypte surtout sont dévastées. Lorsque je visitai le nilomètre, douze à quinze jours avant que le chemin des Pyramides fût devenu libre, il était encore presque rempli jusqu'au bord. C'est à cette pointe méridionale de l'île de Rhodah que la tradition la plus répandue place l'exposition de Moïse dans son berceau de jonc enduit de bitume et de poix, parmi les roseaux du rivage.

Après avoir débarqué sur la rive gauche du Nil, nous montâmes sur les baudets, nous et notre guide. Les âniers piquèrent leurs bêtes à l'endroit sensible, en poussant le *Ah!* classique, et elles partirent comme un trait. On s'escrime d'abord pendant dix minutes, par des sentiers impossibles, étroits, escarpés, défoncés; puis on débouche sur une chaussée bien entretenue, que l'on suit pendant une heure et demie environ. Cette route carrossable a été établie en 1869, toujours à l'intention des touristes royaux qui devaient venir inaugurer le canal. Sous l'implacable soleil qui perçait mon casque en liège, orné d'un voile bleu, comme les Anglais en portent dans les Indes, la route me parut interminable. Stimulé sans cesse par le bâton pointu de son propriétaire, l'âne courait comme un enragé et me secouait affreusement, avec de brusques changements d'allure, des soubresauts à chaque piqûre, des passages subits du trot au galop et *vice versa,* qui, si je ne me fusse parfois cramponné des deux mains au pommeau de la selle, n'aurait pas manqué de me précipiter à terre, d'autant plus que la selle, mal attachée comme toujours, tournait entre mes jambes.

Plus je criais à l'ânier de ralentir la marche, plus il

semblait prendre plaisir à l'accélérer. Avec quel plaisir je lui aurais cassé sur les épaules le bâton dont il se servait pour aiguillonner la croupe de sa bête!

Tout à coup nous vîmes une bande de sauvages se précipiter vers nous en criant et en gesticulant. En un clin d'œil nous fûmes entourés. Trois d'entre eux mirent la main sur la bride de nos ânes, tandis que les autres caracolaient tout autour et que deux gamins, noirs comme braise et nus des pieds à la tête, galopaient en avant. L'allure prit alors un aspect effréné, vertigineux, presque diabolique; avec la musique de Berlioz, cela eût assez bien représenté la *course à l'abîme*. Nous montâmes au pas accéléré la rampe bordée de murs jaunes qui termine la route, et enfin, enfin! nous débouchâmes devant les pyramides.

Ces sauvages étaient des membres de la tribu à laquelle le vice-roi a confié la garde des *Hérâmat*, — les *décré-pites*, — comme les Arabes les appellent, avec mission d'y guider le voyageur, de le protéger contre ses propres imprudences et contre des accidents qui jadis n'étaient pas rares, en lui imposant leur concours. Qu'il n'essaye pas de s'y dérober : d'abord il n'en a pas le droit, puis il n'en viendrait jamais à bout. Tant qu'il reste sur leur do-maine, il est leur propriété, et il faut qu'il subisse le joug, quitte à se dédommager en les rossant, ce qui est un détail sans importance. S'ils sont fort ennuyeux d'ail-leurs, il faut bien reconnaître qu'ils ne sont pas moins utiles et qu'on ne saurait s'en passer.

Nous voici donc au pied de ces monuments fameux

que notre époque, comme l'antiquité, compte encore au nombre des merveilles du monde et dont la masse indestructible, après soixante siècles, défie toujours les outrages du temps. Les trois pyramides de Ghiseh, celle de Chéops surtout, sont demeurées, puisque la tour de Babel s'est écroulée depuis des milliers d'années, les plus prodigieuses des œuvres humaines, et il est douteux que la science moderne, avec toutes ses ressources et tous ses progrès, en concentrant tous ses efforts, en appelant à son aide la vapeur et ces merveilleuses machines qui représentent le génie de l'homme accumulé depuis la création jusqu'à nos jours, fût capable d'en produire de pareilles. Le problème de leur construction comme celui de leur destination ne sera sans doute jamais expliqué. Elles n'étaient possibles, d'ailleurs, qu'en un temps et en un pays où le souverain pouvait disposer de son peuple comme d'un instrument docile à ses caprices, quels qu'ils fussent, et l'appliquer tout entier à faire ce qu'il avait rêvé.

D'après Hérodote, la construction de la première pyramide exigea trente ans de travail, et le tiers des habitants de l'Égypte fut absorbé pendant tout ce temps par la taille, le transport et la mise en place des pierres. Cent mille hommes passèrent dix années à construire une chaussée pour y conduire. Il ajoute que ces travailleurs dépensèrent, en oignons seulement, la somme de seize cents talents : s'il s'agit de talents d'or, c'est un total de cent onze millions; s'il ne s'agit que de talents d'argent, le total monte seulement à près de huit mil-

Le Sphinx et la grande pyramide de Ghisch.

lions, ce qui est déjà un fort beau denier, au prix où sont les oignons, surtout où ils devaient être sous la quatrième dynastie, et ouvre d'assez curieuses perspectives sur ce qu'auraient pu coûter les matériaux et la main-d'œuvre si le Pharaon avait eu à les payer. Diodore, Pline et Strabon s'accordent à dire que la pyramide de Chéops fut bâtie en vingt ans, par trois cent soixante à trois cent soixante-dix mille ouvriers; et le premier, admirant qu'on ne trouve aucune trace des énormes travaux préliminaires qu'il a fallu pour élever un tel colosse dans le désert : « Il semble, s'écrie-t-il, que, sans emprunter la main des hommes, qui est toujours lente, les dieux aient placé tout à coup ce monument au milieu des sables. »

Cependant, qu'on nous permette de le dire sans détour, la première impression qu'on éprouve, ou du moins que nous ayons éprouvée, est celle d'un certain désappointement. On n'est pas accablé, comme on s'y attendait. Malgré le rapprochement de quelques masures, d'une auberge et de la belle maison du khédive, bâties à quelques pas de là et qui paraîtraient fournir un point de comparaison, l'énormité de ces masses de pierre n'apparaît pas tout d'abord dans ses écrasantes proportions. Peut-être ce phénomène, qui se produit assez fréquemment d'ailleurs devant les statues ou les édifices colossaux, tient-il autant à la forme pyramidale qu'à l'immense étendue où se prolonge à l'infini la plaine de sable dont elles gardent l'entrée. C'est de loin qu'il faut les voir et qu'elles produisent le plus d'effet. Quoi qu'il en soit, cette première impression ne dure pas, soit qu'on entreprenne de longer un des flancs de la grande pyramide, soit qu'on regarde simplement les touristes qui l'escaladent et qui s'agitent à son sommet. La base est enterrée de plusieurs mètres : les flancs et le sommet de la pyramide ont été dépouillés de leur revêtement de granit, et ainsi l'élévation se trouve réduite par en haut comme par en bas; néanmoins elle dépasse encore de plus de trente pieds le double de la hauteur des tours de Notre-Dame.

« Je ne connais rien de plus propre, dit Volney dans une note de son *Voyage en Égypte,* à figurer les pyramides, à Paris, que l'hôtel des Invalides vu du Cours-la-Reine. La longueur du bâtiment, étant de six cents pieds, égale précisément la base de la grande pyramide; mais, pour s'en figurer la hauteur et la solidité, il faut supposer que la face mentionnée s'élève en un triangle dont la pointe excède la hauteur du dôme des deux tiers de ce dôme même (il a trois cents pieds); de plus, que la même face doit se répéter sur quatre côtés en carré, et que tout le massif qui en résulte est plein et n'offre à l'extérieur qu'un immense talus disposé par gradins. »

On a calculé qu'avec les pierres de la seule pyramide de Chéops, qui forment une masse de 25 millions de mètres cubes, on pourrait bâtir un mur haut de six pieds et long de mille lieues. Le sujet se prêterait également à beaucoup d'autres calculs semblables, aussi effrayants pour l'imagination. Un récit de l'historien arabe Abdallatif est peut-être plus propre encore à donner

une idée accablante de ce que sont les pyramides. Il
raconte que le sultan Mélik-al-Azis-Othman-ben-Yousouf,
s'étant laissé persuader par quelques courtisans de les
démolir, résolut de commencer par la pyramide rouge, la
plus petite des trois. C'est celle de Mycerinus, qui atteint
à peine le tiers de la première : « Le sultan, dit Abdallatif, y envoya donc des sapeurs, des mineurs et des car-
riers, sous la conduite de quelques-uns de ses principaux officiers et des premiers émirs de sa cour, et leur
donna ordre de la détruire. Pour exécuter les ordres
dont ils étaient chargés, ils établirent leur camp près de
la pyramide; ils y ramassèrent de tous côtés un grand
nombre de travailleurs, et les entretinrent à grands frais.
Ils y demeurèrent ainsi huit mois entiers, occupés avec
tout le monde à l'exécution de la commission dont ils
étaient chargés, enlevant chaque jour, après s'être donné
bien du mal et après avoir épuisé toutes leurs forces,
une ou deux pierres. Les uns les poussaient d'en haut
avec des coins et des leviers, tandis que d'autres travailleurs les tiraient d'en bas avec des cordes et des
câbles. Quand une de ces pierres venait enfin à tomber,
elle produisait un bruit épouvantable, qui retentissait
à un grand éloignement et qui ébranlait la terre et faisait
trembler les montagnes. Dans sa chute elle s'enfonçait
dans le sable; il fallait derechef employer de grands
efforts pour l'en retirer; après quoi l'on y pratiquait des
entailles pour y faire entrer des coins. On faisait aussi
éclater des pierres en plusieurs morceaux, puis on trans-
portait chaque morceau sur un chariot pour le traîner au

pied de la montagne qui est à peu de distance, où on le jetait. Après être restés longtemps campés en cet endroit et avoir consommé tous leurs moyens pécuniaires, comme leurs peines et leurs fatigues allaient toujours en croissant, que leur résolution, au contraire, s'affaiblissait de jour en jour et que leurs forces étaient épuisées, ils furent contraints de renoncer honteusement à leur entreprise. Ceci se passait en l'année 593 (1196). Aujourd'hui, quand on considère les pierres provenues de la démolition, on se persuade que la pyramide a été détruite jusqu'aux fondements; mais si, au contraire, on porte les regards sur la pyramide, on s'imagine qu'elle n'a éprouvé aucune dégradation, et que, d'un côté seulement, il y a une partie du revêtement qui s'est détachée. »

Des trois pyramides, celle de Chéphrem a seule gardé, dans sa partie la plus élevée, une portion de son ancien revêtement, qui a été complètement enlevé aux deux autres. On voit les assises irrégulières, les angles et les saillies des pierres que recouvrait cet épiderme de granit. Elle forme comme un escalier de géants, qui permet de gravir le flanc de ces montagnes.

Je regardais avec effroi les deux cents marches hautes de près d'un mètre, frémissant à la pensée du long exercice de dislocation auquel il fallait évidemment se livrer pour gagner le sommet. A défaut de Goliath ou de Gargantua, je ne vois que des clowns, des singes ou des Arabes qui puissent y songer sans épouvante. Pour moi, l'ascension du mont Blanc m'eût paru moins redoutable.

Cependant, comment se dispenser de cette escalade classique, assez semblable à celle des Titans assiégeant le ciel? Déjà, d'ailleurs, les sauvages basanés accourus à notre rencontre sur la route s'étaient emparés de nos personnes; deux d'entre eux tenaient chacun de nous par les bras, comme une proie, et nous tiraient vers la pyramide de Chéops, tandis que trois ou quatre autres marchaient devant et derrière, pour protéger leur propriété contre les assauts du reste de la tribu. Nous avancions avec l'entrain de condamnés qu'on traîne au supplice. Arrivés au bas de *l'escalier*, d'un mouvement instinctif nous reculâmes en même temps :

« C'est impossible! fit mon compagnon.

— Absolument impossible, » répondis-je.

Je n'avais pas fini, que d'un mouvement vigoureux les deux Arabes attelés à mes bras m'avaient tiré en avant, tandis qu'un autre, placé derrière moi, me projetait littéralement sur la première marche. J'eus à peine le temps de pousser une exclamation, que j'étais déjà enlevé de nouveau et lancé sur la marche suivante. Après quinze ou vingt sauts de ce genre, je commençai à sentir mes jambes se désarticuler; mais nos guides ne semblaient éprouver aucune gêne de cet exercice violent, et, sans nous laisser respirer, ils nous entraînaient toujours d'un mouvement de plus en plus accéléré, nous étourdissant de leurs cris, de leurs chants, de leur conversation bruyante et loquace, où revenait sans cesse le mot de *backchich*. De temps à autre ils s'arrêtaient une minute dans leur escalade, et d'une voix plus haute, presque menaçante, ils reprenaient en chœur : « Signor..., Mossiou..., donne *backchich*, donne! » Je leur répondais n'importe quoi, ou me bornais à secouer la tête, et ils reprenaient aussitôt leur marche. Autour de nous gambadaient et tourbillonnaient une douzaine d'êtres cuivrés, pour qui l'ascension de la pyramide semblait un pur exercice d'hygiène, et qui s'attachaient à nous dans le vague espoir d'en tirer quelques sous à un moment donné. Les **deux gamins** tout nus se maintenaient au premier rang dans ce bataillon d'orangs et de macaques affolés de gymnastique.

Enfin, après un grand quart d'heure, une dernière projection, un dernier saut, et nous voici au terme. D'en bas, le sommet de la pyramide paraît pointu; mais c'est une plate-forme d'environ quinze pieds carrés. Elle était peuplée déjà lorsque nous y pénétrâmes à notre tour sous la forme de deux corps exténués, brisés, moulus, anéantis, qui s'affaissèrent aussitôt sur le sol. L'un à côté de l'autre, nous restâmes étendus pendant cinq minutes, haletant à faire pitié, ne répondant, ni par un mot ni par un geste, aux offres, aux explications et aux sollicitations bruyantes de la douzaine d'Arabes qui s'étaient attachés à nous. L'un des deux petits diables tout nus nous présentait à boire dans une gargoulette crasseuse; l'autre nous tendait une éponge toute noire pour essuyer la sueur qui ruisselait de nos fronts. Vingt phrases se croisaient en même temps à mon oreille : « Mossiou, bataille des Pyramides, ici. — Mossiou, écrire votre nom. — Mossiou, une petite pierre. » Et l'un me présentait un morceau de char-

Plate-forme de la grande pyramide de Chéops.

bon, ou fourrait dans ma poche un fragment qu'il venait de détacher d'un coup de marteau.

De la plate-forme on a sur le Caire, sur ses environs et sur le désert, où s'alignent des files d'autres petites pyramides écroulées en partie et à demi informes, une vue dont on jouirait avec délices si l'on avait la force de se tenir sur ses jambes et si l'on pouvait se dérober aux rayons d'un soleil brûlant. Nous redescendîmes à peu près de la même façon que nous étions montés; mais cette fois le nombre de nos guides était réduit à deux pour chacun de nous. La descente n'est guère moins pénible que l'ascension : la façon la plus naturelle de l'opérer serait d'imiter les enfants, qui descendent un escalier à reculons, en se cramponnant des deux mains à la marche supérieure. Dès que nous eûmes regagné le sol, nous reprîmes haleine encore pendant quelques minutes étendus sur le sable. Nos infatigables Arabes voulaient nous entraîner dans l'intérieur de la pyramide; mais nous réunîmes le reste de nos forces pour repousser avec une indignation légitime cette proposition audacieuse.

Nous avions bien conquis notre déjeuner. C'était l'avis des âniers et du guide autant que le nôtre. Ils avaient détaché par avance le panier aux provisions. Nous les suivîmes, harcelés encore par les Arabes, dont les uns nous offraient des scarabées, les autres des pièces de monnaie et des médailles du temps des Pharaons, — sorties de quelque fabrique du Caire, — ou encore des ossements qu'ils juraient avoir trouvés dans les sarcophages des pyramides. Mon compagnon acheta le coccyx et le fémur d'un roi de la quatrième dynastie, qu'il exposa chez lui à la vénération de ses amis, jusqu'au jour où un étudiant en médecine, interne à l'Hôtel-Dieu, lui démontra que c'étaient les os d'un chameau mort dans le désert.

Nous passâmes devant le Sphinx colossal, taillé dans le rocher au pied des pyramides. Il est camus, grâce à une fantaisie stupide de Cambyse, qui n'a pas plus respecté le Sphinx que le bœuf Apis. Heureusement cette mutilation ne l'a pas trop défiguré. C'est comme une vision de l'antique Égypte vous apparaissant tout à coup dans le regard calme et profond de cet énigmatique fantôme de pierre, qui semble poursuivre son rêve éternel sur les ruines du passé, symbole du silence et du mystère dont reste enveloppé ce pays, qui agit sur notre imagination par ses voiles, ses secrets, ses hiéroglyphes, comme la Grèce et Rome par la splendeur de leur poésie et de leur histoire. Le Sphinx, on le sait maintenant par une inscription qui figure au musée de Boulak, est plus vieux que les pyramides d'un nombre de siècles assez considérable pour qu'il eût déjà besoin d'être réparé pendant que l'on construisait la plus ancienne de celles-ci. Le guide nous fit descendre dans le temple du dieu Harmachou, déblayé par Mariette, aux frais du duc de Luynes, des sables sous lesquels il était enseveli, et qui est lui-même d'une antiquité pour le moins aussi formidable que celle du Sphinx. On dressa le couvert dans la salle du fond, sur une large pierre; nous nous assîmes sur des fragments de stèles, et, sans aucun souci d'offenser les divinités du lieu, nous dévorâmes avec le plus vigoureux appétit un de ces étiques poulets égyptiens qui ressemblent à des momies, accompagné de microscopiques œufs durs et arrosé d'une bouteille de château-laffitte qui eût bien valu soixante-quinze centimes dans une gargote parisienne.

Une heure après, suffisamment restaurés et presque gaillards, nous reparaissions aux abords de la grande pyramide. Nos Arabes nous attendaient, et vinrent avec empressement au-devant de nous, en renouvelant la proposition d'abord si mal accueillie. Cette fois, elle nous trouvait mieux disposés à l'entendre. Pénétrer dans l'intérieur de la pyramide, ce devait être une tâche relativement facile, et dont la fatigue, assurément, ne pouvait se comparer à celle de l'ascension. Nous nous sentions réparés, en bon point, capables enfin d'envisager en face notre devoir de touristes et de l'accomplir jusqu'au bout, sans enthousiasme, mais, à ce qu'il nous semblait, sans déshonorer la France par notre faiblesse.

Nous grimpâmes donc par le monticule sur lequel la pyramide de Chéops est assise, jusqu'à l'étroite ouverture pratiquée dans le flanc septentrional. Il faut se plier en deux pour y entrer. Le couloir, haut et large d'environ trois pieds, long de plus de cinquante mètres, descend d'abord vers la base de la pyramide; à son extrémité, il se rétrécit et s'abaisse : on ne peut passer qu'en se traînant sur le ventre. Puis brusquement il se relève, et il faut grimper, toujours rampant comme un ver, sur une surface de pierre polie, aussi glissante que de la glace, et où l'on ne parviendrait pas à se maintenir si des entailles pour appuyer les pieds n'y avaient été ménagées à droite et à gauche, et surtout si l'on n'était tiré par devant et poussé par derrière. Après nous être hissés de la sorte pendant à peu près quarante mètres, nous arrivâmes enfin à une petite chambre latérale où nous pûmes respirer un moment. Nous nous pensions au bout de nos peines, mais nous n'étions qu'aux trois cinquièmes du chemin. Une nouvelle galerie ascendante, longue de cent quatre-vingts pieds, part de cet endroit; du moins on peut la suivre sans ramper, et cette seconde partie du trajet est moins fatigante que la première. C'est à l'extrémité de cette dernière galerie que nous pénétrâmes enfin, par une étroite ouverture, dans la haute et vaste chambre sépulcrale de Chéops. Nos guides allumèrent des torches et se livrèrent à une *fantasia* vertigineuse, avec des contorsions épileptiques et des cris à réveiller les fantômes du Pharaon. Au fond se dresse un sarcophage vide, dont le couvercle a disparu. C'est de ce tombeau, où je m'étais étendu dans une immobilité de momie, que je contemplai les ébats de cette petite horde de sauvages à qui les lueurs intermittentes des torches donnaient des apparences diaboliques.

D'autres chambres encore ont été ménagées dans l'intérieur de la pyramide. Au-dessus de la salle de Chéops, il y en a cinq, destinées à soulager d'autant l'effroyable fardeau qu'elle doit supporter. J'ignore s'il est possible d'y pénétrer; mais je n'aurais pas eu le courage de ce nouvel effort, lors même que j'eusse été sûr d'y rencontrer Chéops en personne. D'ailleurs, la rareté de l'air, la fumée des torches, les flots de poussière mis en mouvement par la sarabande des Arabes, nous asphyxiaient. Nous avions hâte de sortir, et la descente commença. Ce fut un désastre, une déroute. Dans la première galerie, je glissais à chaque pas et j'eusse fait vingt fois la culbute sans les bras nerveux qui me soutenaient. En arrivant à l'étroit couloir, lorsqu'il fallut me coucher derechef, je n'avais plus la force de me mouvoir. Mon corps inerte glissait sur la pierre, je me cognais la tête aux parois; haletant et étourdi, je suffoquais et défaillais à demi dans un bain de sueur. Au bout d'un instant, je me sentis chargé comme un colis sur le dos d'un Arabe, et je m'abandonnai. Et en me portant ainsi avec des précautions maternelles, mes trois guides ne cessaient de répéter : « *Bono backchich*, Mossiou... Donne *bono backchich*. Une napoléoune. Donne, Mossiou. » Je n'avais même pas la force d'essayer de leur répondre.

Non, Télémaque, en débouchant du Tartare pour entrer dans les champs Élysées, ne poussa pas un soupir de soulagement aussi profond que le mien lorsque je vis le jour. Mes Arabes me déposèrent doucement sur le sol, où je restai dix minutes à souffler comme un phoque. L'escalade de la pyramide est presque une plaisanterie en comparaison de ce voyage à l'intérieur, dont les plus vigoureux ne sortent qu'avec une fatigue atroce, pantelants, ruisselants, moulus. Pour moi, j'étais anéanti. Le retour au Caire m'acheva. J'en eus pour deux jours de courbature et de fièvre à garder le lit. A ce souvenir je sens encore battre mes tempes d'angoisse. Celui qui le premier osa pénétrer ainsi, par ces couloirs étroits et obscurs, dans les entrailles de la pyramide, s'enfonçant comme un reptile à travers cette nuit soixante fois séculaire, suivant à tâtons, écrasé par la masse horrible qui pesait sur lui et sans pouvoir aspirer une bouffée d'air pur, l'interminable sentier sépulcral, sans savoir s'il ne marchait pas droit à un abîme et s'il retrouverait jamais son chemin vers la lumière du jour, celui-là, plus encore que le navigateur d'Horace, dut avoir le cœur bardé d'une triple cuirasse d'airain.

Dans le désert libyque, au delà des pyramides, à l'endroit où la tradition orale des Arabes place quelques villes englouties depuis trois mille ans au moins, avant Soliman-ben-David, c'est-à-dire avant Salomon, on m'avait signalé l'existence d'une forêt pétrifiée. Ce sont des restes de palmiers et de tamarins; mais, est-il besoin de le dire, aucun arbre, aucun tronc même ne subsiste en entier. La dernière journée de mon séjour au Caire, j'entrepris une excursion à la forêt pétrifiée. J'étais mal remis encore de mes fatigues, et j'essayai de m'y rendre en voiture. Mais les deux chevaux avaient peine à traîner la calèche à travers les flots de sable, dont l'entassement bientôt devint tel, qu'il fallut me résoudre à descendre et continuer à pied. Le cocher m'assurait en son langage que quelques centaines de pas me séparaient à peine du but. Je marchai près de trois quarts d'heure, cherchant toujours à l'horizon la forêt que je m'attendais à trouver debout, ne voyant rien, mais bien décidé à ne pas revenir bredouille.

Cependant il se faisait tard, et je ne laissais pas d'être inquiet. Des aigles et des vautours nombreux planaient dans les airs; le silence était profond, la solitude absolue. La réverbération sur le sable des derniers rayons du soleil me crevait les yeux. Tout à coup mon pied butta à une sorte de gros caillou étroit et très long; je me baissai pour examiner l'objet : c'était un fragment de palmier pétrifié, qui avait gardé la couleur primitive du bois et où toutes les veines, toutes les rugosités restaient visiblement marquées. Je le mis dans ma gibecière. Vingt pas plus loin, j'en trouvai un autre, puis un autre encore. Je bornai là ma récolte, dont j'aurais pu faire toute une moisson. Mais ces pétrifications curieuses étaient fort lourdes, et le soleil se couchait au loin, dans un ciel embrasé d'orange et de pourpre; il fallait se hâter, sous peine d'être surpris par la nuit.

Je m'oubliai quelques minutes pourtant à savourer, pour ainsi dire, cette sensation d'infini qui se dégage partout et toujours de la nature égyptienne, mais que je n'avais jamais éprouvée plus complète que dans ce désert et à cette heure du jour. Rien n'égale la splendeur tranquille des aurores, si ce n'est l'incomparable et magnifique sérénité des couchants. A l'occident, l'horizon ressemblait à une mer de feu; à mesure que le soleil s'abaissait, l'incendie du ciel semblait augmenter d'intensité en diminuant d'étendue. Puis ces tons enflammés s'éteignent; il n'en reste plus qu'un fond d'or pâli qui envoie aux nuages de charmants reflets. Un voile de vapeur grisâtre semble tomber rapidement. La teinte cendrée des soirs égyptiens se répand dans l'atmosphère. On dirait que l'air est rempli, le ciel caché par un immense rideau de poussière et de sable. La voiture avait à peine fait quelques centaines de pas, que la nuit était brusquement venue. Le saïs alluma les lanternes, et les ombres rousses des chevaux s'allongèrent devant nous. Je ne me sentais que médiocrement rassuré, en plein désert, en pleine nuit, avec deux hommes dont le moindre n'aurait fait qu'une bouchée de moi. Le saïs s'était assis à côté du cocher, et il me semblait qu'ils échangeaient des conversations trop confidentielles.

Tout à coup la voiture s'arrêta; il descendit, et je le vis s'approcher; je me tenais vaguement sur la défensive. L'air avait légèrement fraîchi, et le brave garçon voulait me préserver du froid en rabattant la capote de la voiture. Je ne sais si ma physionomie lui révéla le fond secret de ma pensée; mais il eut un bon sourire en jetant un regard sur moi, et il murmura doucement : *Bono backchich.* Un clair de lune, comme on n'en voit qu'en Orient, épandait au loin sur l'immensité du désert cette lumière douce et éclatante à la fois, qui donne à chaque détail un merveilleux relief. Deux heures après, nous étions au Caire, et j'entrais pour la dernière fois dans mon lit de l'hôtel d'Orient.

Il est temps maintenant de rentrer en France; car, malgré mon désir d'aller visiter les ruines de Thèbes, je ne puis songer à entreprendre l'excursion de la haute Égypte. Remonter le Nil, ne fût-ce que jusqu'à la première cataracte, c'est un voyage trop long, trop difficile et trop coûteux pour être tenté par un simple touriste. Jetons un coup d'œil de regret en arrière, et reprenons le chemin de fer du Delta.

Un jeune bey, aimable et courtois comme beaucoup le sont, parlant français comme tous le parlent, vêtu à l'européenne comme ils le sont tous, par ordre du gouvernement, m'accompagne à la gare en me vantant les progrès qu'a faits la civilisation en Égypte sous Son Altesse Ismaïl [1].

« Si vous aviez visité le Caire il y a trente ans, me dit-il, vous ne les reconnaîtriez plus aujourd'hui. L'Esbekieh vaut presque maintenant votre jardin des Tuileries, comme l'avenue de Choubrah vos Champs-Élysées. Le nouveau Caire est éclairé au gaz; il a des trottoirs, un boulevard, de beaux hôtels, des cafés à l'instar de Paris. Vous avez vu nos voitures de place. Nous avons une poste, un télégraphe, des chemins de fer à l'européenne. Et nos trois théâtres donc! un théâtre italien, un théâtre français, un cirque, car Son Altesse a voulu qu'il y en eût de tous les genres et pour tous les goûts. Savez-vous que notre surintendant des théâtres, car nous avons un surintendant, va chaque année à Paris pour renouveler

[1] Remplacé, depuis le 26 juin 1879, par son fils aîné Tewfick-Pacha, en faveur duquel il a abdiqué. — Nos lecteurs connaissent les événements survenus cette année : la révolte d'Arabi et l'intervention armée des Anglais, dont nous n'avons point à nous occuper ici, mais qui expliquent comment ce tableau de la basse Égypte, bien que tracé d'après un voyage récent, demanderait déjà à être retouché sur quelques points, notamment en ce qui concerne Alexandrie, bombardée par les Anglais, pillée, incendiée, ensanglantée et presque détruite par des hordes indigènes.

ses troupes; qu'il a donné jusqu'à deux cent mille francs de subvention au cirque; que nous avons eu, pendant les fêtes de l'inauguration du canal, des artistes payés vingt-cinq mille francs par mois, et que Verdi a fait tout exprès pour nous *Aïda,* qui est son chef-d'œuvre?

— Oui, oui, lui dis-je, je sais tout cela. J'ai même entendu l'antre jour, à votre Théâtre-Français, la *Fille de Mme Angot,* et à votre Opéra le *Trovatore,* exécutés aussi bien qu'à Paris.

— N'est-ce pas? dit-il rayonnant. Vous voyez ce que notre pays sait faire.

— Ou du moins ce que Son Altesse sait payer, répondis-je avec un sourire. Mais c'est déjà quelque chose de savoir bien payer. J'ai même observé qu'on applaudissait aux bons endroits et qu'on jetait de très beaux bouquets à la *diva.*

— Nous avons une fleuriste élève de Mme Prévost. Et le rideau de l'Opéra, avez-vous remarqué?

— Magnifique! L'Égypte, le flambeau de la civilisation à la main, projetant ses lueurs sur des troupeaux de buffles, de moutons, de chameaux — et de fellahs. »

Puis, en sortant, j'ai retrouvé mon ânier, en compagnie d'une centaine d'autres, couché, pieds nus, sur les marches du théâtre, et dînant avec une poignée de grains de maïs grillé.

« Oh! ces gens-là sont d'une sobriété extrême, » dit le bey, qui était très bien nourri.

Il faut rendre au vice-roi la justice qui lui est due : il fait ce qu'il peut et dépense largement les revenus du

pays. Il protège les artistes, les savants et même les escamoteurs. Il s'est intéressé au canal et aux fouilles de
M. Mariette. Il a fondé une très honnête université, qui
ne fait pas beaucoup parler d'elle. Il a créé aux portes
du Mousky une succursale du boulevard Montmartre,
fort agréable pour les touristes, ainsi que pour les effendis qui ont connu les délices du bois de Boulogne et du
café Anglais, et qui mettent leur orgueil à lire le *Figaro*
tous les six ou huit jours.

Seulement cette civilisation-là n'est qu'un vernis, un
décor, un placage dont ne profite en rien l'indigène,
quelque chose de purement extérieur et superficiel, qui
ne pénètre pas l'âme de la nation et se juxtapose à ce
qui l'entoure sans s'y mêler. Les fonctionnaires ont beau
suivre nos modes, avoir fréquenté nos écoles et nos boulevards, lire nos romans et nos journaux, — grattez cette
écorce, et vous retrouverez le Turc, c'est-à-dire l'homme
malade. On peut même dire que plus le gouvernement
s'efforce d'imiter l'Europe et d'éblouir les voyageurs
d'Occident, plus il s'éloigne du but qu'il veut et croit
atteindre, plus aussi il accentue et fait ressortir par le
contraste le vieux fond de misère indigène et de barbarie
musulmane. Pour élever ses beaux théâtres et en payer
les troupes, pour donner au Caire de larges rues et de
grands boulevards, pour payer tout ce luxe européen
compliqué de faste oriental, il lui faut beaucoup d'argent,
et pour en avoir il exploite et pressure d'autant le malheureux fellah, qui supporte ainsi les inconvénients de
la civilisation sans bénéficier d'aucun de ses avantages.

Mais, derrière cette façade qu'on lui a ajustée, le Caire demeure immuable et inattaquable : on peut dire qu'il est aujourd'hui, sous le gouvernement de Son Altesse Tewfick-Pacha, vassal de la Porte, ce qu'il était en l'an 597 de l'hégire, sous le sultan Malek-Adhel, illustré par Mme Cottin.

FIN

TABLE

26798. — Tours, impr. Mame.